国文教育经典

怎样写论辩文

杜国庠 著

首都经济贸易大学出版社

·北京·

图书在版编目（CIP）数据

怎样写论辩文 / 杜国庠著. --北京：首都经济贸易大学出版社，2018.7

（国文教育经典）

ISBN 978-7-5638-2787-9

Ⅰ.①怎… Ⅱ.①杜… Ⅲ.①议论文－写作－中学－教学参考资料 Ⅳ.①G634.343

中国版本图书馆CIP数据核字（2018）第060001号

怎样写论辩文
杜国庠 著
Zenyang Xie Lunbianwen

责任编辑	季云和
书籍设计	张弥迪
出版发行	首都经济贸易大学出版社
地　　址	北京市朝阳区红庙（邮编 100026）
电　　话	（010）65976483　65065761　65071505（传真）
网　　址	http://www.sjmcb.com
E-mail	publish@cueb.edu.cn
经　　销	全国新华书店
印　　刷	北京玺诚印务有限公司
开　　本	787毫米×1092毫米　1/32
字　　数	269千字
印　　张	10.5
版　　次	2018年7月第1版　2018年7月第1次印刷
书　　号	ISBN 978-7-5638-2787-9/G·412
定　　价	39.00元

图书印装若有质量问题，本社负责调换
版权所有　侵权必究

目 录

绪论		001
第一章	论辩文的本质和组织	011
	第一节　什么叫文章	011
	第二节　文章的分类	015
	第三节　论辩文的本质	033
	第四节　论辩文的组织	043
第二章	写论辩文的准备	054
	第一节　怎样地建立命题	056
	第二节　怎样搜集材料	074
	第三节　怎样编定纲要	092
第三章	论辩文的写法	111
	第一节　怎样写绪论	113

　　　　第二节　怎样写正文（其一）……………138

　　　　第三节　怎样写正文（其二）……………173

　　　　第四节　怎样写结论……………………191

第四章　论辩文与逻辑……………………………212

　　　　第一节　形式逻辑的发展及其缺点…………213

　　　　第二节　辩证逻辑………………………233

第五章　论辩文的文学的侧面……………………255

　　　　第一节　关于用语和语汇………………258

　　　　第二节　论辩文的文学的侧面…………282

绪论

论辩文作法有必要吗?

论辩文作法有必要吗?这个问题,一般地说,就是文章作法有没有必要?

中国向来的文人多认为"文无定法",只有"神而明之"。他们告诉后学的,大抵是"熟读千赋自能赋""熟读唐诗三百首,不会吟诗也会吟"这些话头。

这种见解表面看来,好像是主张学作文不需要"文章作法"似的;其实它的骨子里却在暗暗地承认:那些既成的文章中,包含有所谓"文成法立"的"理法"在。因为向来"求学",只是读些经史之类的东西,科目既少,时间又充裕,可以让人们缓缓地去暗中摸索;摸索到了,没有能明白地说出来,说不定还有"鸳鸯绣出凭君看,不把金针度与君"这个自私的念头在作祟。纵然说了出来,大抵也是一些不着边际的抽象的语句,永远不会使人明了——这是文法学和修辞学的知识太幼稚,限制了他们。

然而事实上,古人在这方面也曾有过许多企图,留下了不少的成绩。例如:说诗的所谓"四始六义",就可说是作法的萌芽;整部的著作如《文心雕龙》《读书作文谱》之类,就很有可观;其他散见於笔记、书简中的谈论文章的文字,搜集起来,分量一定不少;前清桐城派的所谓"义法",甚至严格得流於烦琐了。

对於主张文章须有理法这种倾向,拈出"性灵"二字来掊击它的,也不是近来才有。明公安派的三袁早就表示得最显著了。同派的谭友夏在《诗归序》中说:

> 法不前定,以笔之所至为法;趣不强括,以诣所安为趣;词不准古,以情所迫为词。

这几句话,最能够代表当时性灵派的主张。近人林语堂先生也极力提倡性灵,他在《旧文法之推翻与新文法之建设》中说过：

> 这个根本思想，常要把一切属於纪律范围桎梏性灵的东西毁弃无遗，处处应用起来，都发生莫大影响，与传统思想冲突。其在文字，可以推翻一切文章作法骗人的老调；其在修辞，可以整个否认其存在；其在诗文，可以危及诗律体裁的束缚；其在伦理，可以推翻一切形式上的假道德，整个否认其"伦理的"意义。因为文章、美术的美恶，都要凭其各个表现的能力而定。凡能表现作者意义的都是"好"是"善"，反是都是"坏"是"恶"。去表现成功，无所谓"美"；去表现失败，无所谓"丑"。即使哑聋，能以其神情达意，也自成为一种表现，也自能为一种美学的动作。
>
> ——见章衣萍《修辞学讲话》所引

林先生是主张打倒一切烦琐的文法与修辞学的。他认为"性灵之摧残与文学之枯干"有必然的关系，所以主张解放"性灵"，使它无限发展，在"会心之顷""冲口而出"才是好文章;因而有"文章孕育"论。然而,林先生的所谓"文章、美术的美恶,都要凭其各个表现的能力而定",所谓"文章孕育"论,以及《论语录体之用》(见《论语》杂志)等的主张,其实还是一种作文方法论,不过不同於烦琐的作文方法论罢了。

性灵派的主张固然不能说没有片面的真理,但是这种议论,和"神而明之"的说法相隔并没有多远。这种方法对於某些文体是没有用的。例如:复杂的说明文和论辩文,就不是单靠"会心之顷""冲口而出"所能够办到的。而且对於初学写作的人——尤其是自修的人,并没有什么帮助。所以,章衣萍生生在引用了林先生那段文章之后,就说:"可是叫我们看来,文章如何做得好,本是一种'拈花微笑'的境界,可是要为了普度众生起见,'说法'也有时有用。"凡曾经和许多青年接触过的人,都觉得文章作法之类的书是必要的。夏丏尊先生甚至於这样说:"近来在这方面虽已渐渐有人注意,新出版的书也有了好几种,只是适合於中等学校作教科书用的,仍不易得;而为应教学的需要,实在又不能久待,所以参考他国现行关於这一类的书籍,编成这本书以救急。"（见夏丏尊：《文章作法绪论》，点①是编者加的）学校有教员在指导，还是这么需要，自修的人更不消说的了。

文章作法不但有必要，它还有许多用途。

文章作法的用途

第一，文章作法可以做初学的人练习写作的指南针。一个人想要说话，自然因为心中先有了一种要发表的意思。但要说得好，使人们听后明白、感动，绝不是仅有意思就办得到。一个可以写成文章的意思，普通不是三言两语就可以把它表现出来。哪一点应该先说，哪一点应该后说，什么地方应该着重，什么地方可以放松，都有一种可以遵循的规矩。什么意思应该采用什么文体，也是有一定的道理。在那些写作经验丰富的人，自然能够不须深思，只要意思有了，就能够"意到笔随"地达到"文成法立"的地步。初学的人，就做不到

---

① 点，即本简体字版所标的着重号。后同。——编者注。

了。他必须先知道怎样去搜集材料，怎样去布置篇局，然后能够适当地表现他的意思。

第二，文章作法可以帮助思维的发展。人类的思维，常是靠仗语言——写出来就是文字——的帮助而使它渐渐致密起来的。拉发格曾经说过：

> 在实际上，最抽象的头脑，不用字、不自言自语於内心，也就不能思维。纵使其用字、自言自语不像小孩子口头上那样喃喃不已，然而却有许多成年人喃喃自语地说他所思维的东西。语言在智识的发展上，占了一个很大的位置。
> ——见王特夫《论理学体系》八三至八四页所引

初学写作的人，在日常生活或读书中间，忽然得到了一种意思，即到了那所谓"会心之顷"的时候，它并不能够就成为纲举目张的有组织的思想。如果他预先懂得做文布局的法则，他就可以利用文字把它写下来，逐层分析，排列配置，使他最初所感触到的思绪扩大深化起来，不至让它"昙花一现"，转眼消灭。就是写成文章，也不至只表现它的轮廓要点。这是初学写作的人所时常经验到的。

第三，文章作法可以养成阅读文章的眼光。初学的人，读一名作，往往只觉得它好，而不知道它的所以好在什么地方，因为他不懂分析文章的方法和规准。文章作法既然是教人怎样去命意，怎样去搜集材料，怎样分段落，怎样去布置篇局，那么，初学的人，只要翻转过来利用它去解剖既成的作品，就可以懂得文章的好处在什么地方。"写""读"交益，思想一定会日益丰富，眼光一定会日益锐利，等到自己动笔写作的时候，自然再不会感到文思枯涩，无从生发了。

第四，文章作法可以养成逻辑地思维的习惯。从来学习逻辑的人，往往感到逻辑的烦琐乏味引不起兴趣。这一半是由於形式逻辑本身的死板烦琐；一半也是由於教学的时候，只知教授一些呆板的格式定则，举例也往往是一些刻板的东西，很少把它应用到活生生的事物上去。文章作法——尤其是论辩文作法，讲到逻辑，就是教人怎样地去分析事物，怎样地去展开思维，怎样地建立自己的命题，怎样地推翻他人的见解，一句话说，就是教人怎样地运用逻辑。由於运用逻辑的必要，使人更切实地理解逻辑本身的原理、原则，不知不觉之中，就改变了人们对於逻辑的观念，养成逻辑地思维的习惯。

第五，文章作法可以帮助演讲、辩论的进步，翻倒过来也能帮助写作的进步。因为正规的演讲、辩论，必须预先编制纲要的。这种纲要编制的程序和方怯，和论辩文纲要的编制没有多大差别。懂得论辩文作法的人去学习演讲、辩论，就可以"事半功倍"；并且，在演讲、辩论中所习得的语言技术，也可以促进文章的进步。曹聚仁先生说得好：

> 这样看来，白话文的复杂结构不可不保留，而自然的韵律又不可不利用；白话文不当仅为看的作品，仍当注以声律使复活为读的作品，其理甚明。究竟如何下功夫方能达到目的？我想提出一个小小意见：文字与语言是双方并进，互相影响的，我们希望文章有进步，必须希望语言先有进步。诸子之文，大得力於游谈之风；晋魏清谈盛行，乃产生瑰丽的美文；我们要产生活的白话文，必须毁弃宋明

理学家所提倡的沉默寡言的虚伪的美德；孔门有言语之科，一个作家不当伏案头修饰他的词句，应当从街头练习他的舌头。

——《"白话""文言"新论》，见一九三四年四月六日《申报·自由谈》

所以，我认为文章作法——尤其是论辩文作法，是必要的。因为论辩文是文章中构造最复杂的，不仅包含着一切文章的要素，而且它的基础完全建立在逻辑上面，绝不是"会心之顷""冲口而出"那样地写得成功的。

本书的要点

我们虽然主张论辩文作法是必要的，但我同时反对把它变成烦琐、死板的规律，像桐城派的"义法"那样的东西。所以，本书首先指出怎样地去分析事物，根据分析的所得去建立命题，反对八股式地离开客观的事物，单在既定的题目里面去兜圈子。第二，指出怎样地根据既定的方针——已经建立的命题，去搜集材料；

反对无目的地只要和题目有关的材料都集拢来,结局不能支配材料,反为材料所支配——尤其反对把立场不同的言论平等地罗列在一起,使文章失掉了它本身的统一性。第三,指出论据必须根据事物及其关系本身的发展,反对单由抽象的命题或由抽象的事物的概念去做推论。第四,指出文字应该富於情感、具体生动,反对在论辩文和美文中间划成一条不可逾越的鸿沟,弄得读者恹恹欲睡。

一句话说,本书的要旨注重於怎样地观察事物,怎样地充实思想,怎样地培养感情,即是说从思想、内容上来指示论辩文的写法;至於文法、修辞方面,则让读者自己去阅读那些讨论它们的专书。

以下就按照这样的要点编下去,是成功还是失败,只好留待读者去批评了!

第一章 论辩文的本质和组织

第一节 什么叫文章

几种不同的文章定义

论辩文是文章的一种,因此,要明白什么叫论辩文,就必须先知道什么叫文章。

我们日常说到某人在"做文章"或者在"读文章"的时候,仿佛大家都明白什么叫"文章",无须再加解说似的。但是,如果你进一步地问:什么叫文章?回答就有各色各样了。人们有时给朋友写信,你问他在做什么,他一定回答说"在写信",不会回答"在写文章"。然而,我们能够在许多文章选集里面发见许多古今人所写的书信;人们刊印文集的时候,也毫不踌躇地把写给亲友的书信收了一些进去。古来小说，也有用书信的形式表现事件的变迁和情绪的推移的；歌德的《少年维特之烦恼》，和利查生的《帕美拉》，就是好例。近人孟起先生也用书信的形式写了一本《词和句》的说明"文法"的书。可见常识上的所谓文章，和学术上的所谓文章，意义是两样的。就是学者们心目中的所谓文章，也是各人不同的。桐城派的姚鼐编的《古文辞类纂》，就把诗词除外了，小说更不消说；但章炳麟著的《文学总略》，却又簿录算草都算在文章里面：这不是很明显的证据吗？所以，文人学者所给文章下的定义，也就有各色各样的了。现在且就近时出版的作文法之类的书中，引出几个定义来看：

> 文章是我们用来表现我们的思想、感情和经验的。
> ——汪倜然：《论辩文作法》，一页

> 用文字传达思想、情感的制作，就是文章。
> ——周乐山：《作文法精义》，一页

无论其所说为思想、为感情、为观念、为知识、为快乐、为灵性、为环境之苦闷,莫不属於心象。……盖人类表现心象之具有三:曰动作,曰言语,曰符号。文字者符号之一种。连属文字,用以表现完整之心象者,即为之文章。

——施畸:《中国文体论》,一二四页

人类是社会的动物;从天性上,也可说从生活的实际上,必要把自己的观察、经验、理想、情绪等等宣示给人们知道,而且希望愈广遍愈好。也有并不为着实际的需要,而对於人间的生活、关系、情感,或者一己的遭历、情思、想像等等发生一种兴趣,同时就仿佛感受一种压迫,非把这些表现为一个完好的定形不可。根据这两个心理的根本,我们就要说话,唱歌,做出种种的动作,制造种种的艺术;而效果最普遍、使用最便利的,却要推到写作。不论是愚者或文学家,不论是什么质料、什么形式的文字,总之却由这两个心理的基本才开手去写作,才写作成篇的。

——叶绍钧:《作文论》,一页

叶先生这一段说话，虽然没有采取定义的形式，但是我们能够从它窥见他对於文章的见解，故不妨把它当作一个定义看待。

文章的概念

在上面几个定义之中，所说的虽不相同，但把它们归纳起来，可以得出一个中心概念，就是：文章是用文字表现思想、情感和经验的制作。这个概念，比着常识所谓文章的概念，就清楚、确切得多了。本来，对於一种事物去下一个确切不移、包举无遗的定义，事实是不可能的，因为事物是时时刻刻在变动着，在发展着，抽象的、固定的定义怎样能够把它包举无遗？能够比较切近实际就算好的。好在这本书是为初学的自修的人写的，有了这样的一个概念，使读者约略地知道什么叫文章，便於我们研究的进行也就够了。再追求下去，或许会使读者感到烦琐、乏味。

第二节　文章的分类

现在要说一说文章的分类。从文章的分类才能够知道：论辩文在文中占着怎样的地位？它和别的文章在本质上有什么两样？和它们有什么关系？

文体是随着时代而变化的

关於文章的分类，本来是"文体论"的任务。但是，为了便利我们讨论的进行，这里不能不把文章的分类约略说明一下。顺便带说一说：人们为什么要写文章？

人，不仅是动物的人，而且是社会的人。社会固然不能离开人而存在，但人也是不能离开社会而生存的。他们在社会生活之中，有的时候需要把他们的经验传给他们或后代①；有的时候需要把他们的苦乐告诉别人，希望获得别人的同情；就是"独居深念"的时候，也往

---

① 原文如此。——编者注。

往需要把自己的所得和所感写定下来，留作他日印证或参考之用（例如日记、札记之类）。

这样地写下来的文字，就是文章；文章的形式，就叫"文体"（文章的体裁）；文章的分类，结局就是文体的分类。

文体为什么会发生差别和变迁呢？施畸先生说：

> 文体何由而生耶？爰考其实，约有三因：一曰由於持态之差（即作者态度的不同——编者），二曰由於心象之异（即作者思想和情感等的不同——编者），三曰由於表现之全（即把思想和情感等完整地表现出来，不是"断篇残句"——编者）。

> 文体之质德既属於心象，人类之心象又恒变不息，故文体亦不一成不变。详言之，文体者乃随人类之心象之变迁而变迁。固可使之蕃生，亦可使之即死；死而可使之复生，尤可使之生而复死。生生死死，无时或息。於是文体乃千差万别，不可胜数焉。是故三代之典谟，不同於秦汉之诏令；两汉之对策，无与於有宋之经义。县贡父不自杀，诔不及

士；伊洛之学不兴，儒者当无语录。故谓文体有定量，非愚即诬也。

虽然，其演变之迹，亦有可寻。约而言之，略有四端：一曰由粗而精，二曰由少而多，三曰由丑而美，四曰由狭而广。

——施畸：《中国文体论》，四一五页

其实，所谓态度，不外是思想、情感等的表现，把它们并列起来是不妥当的。就是思想、情感等的变迁，也有它们的社会的根据。由於社会的变革、发展，反映到人们脑里，就发生思想、情感等的发展变换。社会发展了，思想、情感等发展变换了，加上社会的新的环境的要求，新的技术的准备，使人们有了写作的新的内容，要求着表现它们的新的形式，而且有了采取新的形式的可能。社会的发展没有止境，文体的演变也没有穷期。举例来说：如果没有电报的发明，就不会有"通电"的文体；如果没有集会、结社的自由，就不会有"提案""决议""讨论大纲"等等的文体；如果没有群众运动，就不会有"标语""口号""宣言"等等的文体；有了电影，就产生了"电影剧本"、"字幕"以及"电影说明书"等文体；电路拥挤了，"通电"就采取"快邮代电"的形式；抗战需要宣传的普遍和深入，促使话剧下乡，离开了都市的舞台设备，剧本便采取了街头剧的形式，甚至把观众变成戏剧的一部分。在抗战期间，我们的英勇战士正和民族敌人作肉搏的血战，不管是一切作家、读者，都处在烽烟战火之中，这样的紧张的环境和迫切的需要，所谓"报告文学"这一新兴的文体就盛行起来了。

所以，世间一些死抱住所谓"义例"不肯放手的人，自命为复古，不但不知今，实在也并不知古，因为他们都缺乏着历史的观念。

文体的分类

文体的分类，《诗经》要算最早。在《诗经》编定的时候，已经把诗篇分作风、雅、颂三种，并把雅分作大雅和小雅。后来，有的为了要编辑作品的总集（例如《昭明文选》），有的为了要指陈文章的理法（例如

《文心雕龙》），都先后从事文章的分类。自汉代刘歆的《七略》起至近时施畸的《中国文体论》止，从事文章分类的，不止数十家。那中间，或者因为取材不完备，或者因为标准不严密，或者因为成见太深，或者因为名目所蔽，大抵都有缺点。对於文章分类较有贡献的，仅有萧统的《文选》序目、刘勰的《文心雕龙》、姚鼐的《古文辞类纂》及章炳麟的《文学总略》等几种而已。然而烦琐乱杂，不便於初学的人。例如：姚铉的《唐文粹》的分类，甚至共列了二十二纲、三百一十六类；吴曾祺的《涵芬楼古今文钞》，也列十三类、二百一十三子目。

到了清朝末季，因为时势要求，所谓"古文"不能适应当时的需要，同时西方文化输入中国，文章渐次采用白话来写作。"五四"运动开始以后，大家积极地起来提倡新的白话文学，所谓"古文"的"文言文"就日益失势。因此，这个时期所出版的文章作法之类的书，都采用西方的文章分类法了。施畸先生曾有一段文章叙述当时古文衰落的原因，颇能够写出当时的情形：

散文派有一绝大错误,"曰门户之见太深"。彼所以具精美之进步者固然以此,而衰谢也原於此。盖散文派以"古文"为宗,非"古文"则尽在割舍之列。而所谓"古文"者,又只限於唐宋诸家之作。此义在《唐文粹》中已显示之。其后唐顺之、茅鹿门、归熙甫、储同人诸家出,此义益严。其后起者如姚鼐、曾国藩、吴曾祺之属,虽一再扩张,然未冲破旧域,而尽纳文章於范围之内。故自散文派言之,不特小说、戏曲、骈俪之作在排弃之列,即传注、疏证、笺牍亦不认为文章。此岂通达之论哉?且非"古文"不能谓之文章,其义界之狭隘难通,何异《文选》之以"沉思翰藻"为说?此其衰谢之原因一也。当清之末季,世变方殷,新说蜂起,此固陋之义法何能应付之。且"古文"家法,不适於通俗,而当时所需於文章者,则重在通俗。此其不能应时变,而造成衰谢之原因二也。"古文"家法又不适於移译,而当时文章之大用则在移译,此其不能应时变,而致衰谢之原因三也。"古文"家法,不便於讲学,甚或不便於说理;而当时所贵於文章者，则一为学术之流传，二为政治之评论，乃"古文"皆不善为之。此其不能应时变，而致衰谢之原因四也。且自废科举、立学校，功课之门类既繁，学者精神各有所属，文章不过普通科之一；乃"古文"家法，既不便於中小学之习用，又无大学各科之精核，其势真若"上不在天，下不在田"矣。此其不能应时变，而不能不衰谢者五也。……

——施畸：《中国文体论》，八八至八九页

在这种情势之下，章炳麟的《文学总略》虽然极力扩大文章的范围，和效法西洋派同时并起，但是它终於敌不过西洋方法的简要易行。施先生在《中国文体论》，一方面表示不满意於旧时的方法，另一方面也不喜欢西洋的分法。他企图综合中西的长处来写一本专论文体的新著作。可是因为他对於旧时的义法还有若干留恋，同时又不大喜欢白话文，故他的新著较前虽略有进步，但前后说法终不免矛盾，不能自圆其说：他知道文体的演变由於心象的变迁，但不能毅然采用西法，专拿心象的内容去做文章分类的标准，因为他还拘泥於旧来文体的名目。例如：他把"序例"列入"疏证"一类，把"赠序"列入"告语"一类，是由於内容的不同，这是对的；但是，"笺牍"之中，不少讨论文章的作品，为什么不把它们归入"议论"一类呢？就是他舍不得"笺牍"的形式的缘故。

　　本来，文章发展到了相当程度以后，无论哪种体裁，它所包含的内容都可能变得很复杂。"书简"里面，可以有着重情感的内容，也可以有着重理智的内容。写情书自然要采用书简的形式，写小说又何曾不可以采用书信体呢？它固然可以报告研究的结果，同时也可以发挥自己的议论、驳斥他人的主张，所谓"公开信"的体裁，主要地就用在这方面。那么，在分类的时候，如果要依据它们的内容，又要顾及它们的形式，结局就不免顾此失彼，形成不可通的体系了。从施先生自己所做的分类表就可以看出他正犯着这个毛病（请参阅原书）。

文章的分类应以内容为标准

这样看来，只有彻底拿内容来做分类的标准，才是科学的文章分类法。我国近年出版的文章作法及修辞学之类，大抵都是采用这种方法。不过它们彼此之间也还有些出入。例如：

章衣萍先生的《修辞学讲话》，把文章分为五类：

（一）记事文——记事文是"依照作者的感觉和想像，记述人或物在某时期中形态、颜色、性质、位置的文字"。

（二）叙事文——叙事文是"叙述人或物在某时期中动作或变动的过程的文字"。

（三）说明文——说明文是"解说事理之所以然的文字"。

（四）议论文——议论文又名辩论文，是"以自己的思想，发表论事、论人、论理的文字"。

（五）韵文——韵文是"一种美妙的有音节的文字"。

夏丏尊先生的《文章作法》，也把文章分为五类：

（一）记事文——"将人和物的状态、性质、效用等，依照作者所目见、耳闻或想像的情形记述的文字，称为记事文。"

（二）叙事文——"记述人和物的动作、变化或事实的推移的现象的文字，称为叙事文。"

（三）说明文——"解说事物，解剖事理，阐明意象，以便使人得到关於事物、事理或意象的知识的文字，称为说明文。"

（四）议论文——"发挥自己的主张，批评别人的意见，以使人承认为目的的文字，称为议论文。"

（五）小品文——"从外形的长短上说，二三百字乃至千字以内的短文，称为小品文。"

汪偶然的《论辩文作法》，则用"做文章的人"的"目的"做标准，而把文章分成四类：

（一）记事文——记事文是"用字来描写或暗

示某种境地、事物,使读者仿佛看见作者所看见的"。

(二)叙事文——叙事文是"叙述某种事件之发展,讲到人物的动作、事件的进展等等,使读者知道某种事件发生之经过的"。

(三)说明文——说明文是"解释某种事物或学理,使读者能够完全明了的"。

(四)论辩文——论辩文是"提出证据或理由来使读者相信某一命题的真确或谬误的"。

高语罕先生的《国文作法》,也把文章分作四类,现在略为整理如下:

(一)叙述文——再分为两目:

甲、历史的叙述文——所叙述的是史事、传说或亲见亲闻的事实。

乙、虚拟的叙述文——其所叙述的是理想的事实。

(二)描写文——也分两目:

甲、科学的描写文——例如"植物学者采了

一条花木,便要研究它是单(子)叶植物,是双(子)叶植物,或是显花植物、是隐花植物?……笔之於书,各从其类,不容或乱"之类。

乙、艺术的描写文——例如"……见了花容月貌,或是听了鸟鸣鹊唱……兴起种种情感,发生种种兴趣,我们把它们给与我们兴起情感发生兴趣的印象,记述出来"之类。

(三)解说文——"解说文的主要目的就是向读者解说一件事理,使他们了然他们(它们——编者)的内容和意义"。再分为五目:

甲、演说录或讲义;

乙、疏证文;

丙、说明书;

丁、学理的解说文;

戊、历史的解说文。

(四)论辩文——"我们对於一个问题发表一种主张,或是对於一个事物的性质、功用、效率、美恶下一种批评,或是对於人家主张表示赞成或反对的态度,或是对於一个人、一个团体、一个党派发表一种劝告或觉书（即备忘录——编者），由这种种目的所发表的文字，都叫作论辩文。"再分为四目：

甲、论说文；

乙、批评文；

丙、辩驳文；

丁、诱导文。

大体说来，上面所举诸书的分类，是把文章的内容做标准的。如果严格地用这种标准去检查一下，就可以发现它们都有或多或少的缺点。

拿章先生的分类来说，他的前面四种是妥当的，但他把韵文列为第五种，就不妥当了。因为所谓"美妙的有音节的文字"，是就文章的形式说的，和前四种用内容做标准的不同。

夏先生的分类，前四种和章先生一样，是妥当的；他把小品文列入第五类，自己却明白地说是"从外形的长短上说"的，自然和前面的标准不相称，也是不妥当的。

至于高先生的分类，不但标准不统一，而且界限也弄不清楚：

第一，他的所谓"科学的描写文"，无疑地就是章先生和夏先生的所谓记事文，而他的所谓"艺术的描写文"，照他自己的说明看来，大概是指那些以表现情感为主要内容的文章；两者并为一类，实在不相称。并且所谓"描写"，乃是技巧上的词儿，不应该用作文章种类的名称，去和叙述文和论辩文等对举。因为叙述历史上的事迹、轶闻等，都可以用"描写"的技术，而实际上凡是写得好的叙述文，都是得力於"描写"的。

第二，解说文的分目，有"演说录"一项，为什么演说录只能限於解说？又如他说明第五目"历史的解说文"的时候，说"又如遇见历史的事实，一个人的行为的奇特，把他的原因、结果推阐出来，或把他行为的动机解释出来，这种文字，往往见之於叙事文——传记、历史小说等——也是解说文"云云，这就和第一类的叙述文弄得界限不清了。因为叙述文，尤其是历史，如果不推阐事件的原因、结果，就变成了"断烂朝报"或近於"流水账"的东西；所以因果的叙述，就构成这类叙述文的重要部分，应该把它分割开来，别立一项。要是那样地去分类，除非把文章肢解为一些单文，不然的话，分类就不可能了。

本书的分类

因此，本书就用内容来做文章分类的唯一的标准，把文章分作下列四类：

（一）叙述文；

（二）说明文；

（三）抒情文；

（四）论辩文。

现在略加解说。

这里所谓叙述文，是包括记事文和叙事文两种文章说的，因为这两种文章的界限不容易区别。事实上，写一个人，如果只去叙述他的状貌、衣服等等而不涉及他的言动行为，就不能够描写出他的个性；写一物，如果只去叙述它的形状、位置等等而不涉及它的变化、效用，就不能够显示它的本质。翻过来说，叙述人或物或事件的推移，也不能不涉及他们或它们的状态、位置等等，怎样地能够把两种文字截然分开呢？因此，我们主张把记事文和叙事文合并为一类。关於说明文和论辩文，可以依照普通的分法。至於抒情文，就是作者用文字来抒写自己的情感的文章。叶绍钧先生的《作文论》中有一段话说得很好，把它引在下面，来代替说明：

> 抒情就是发抒作者的情感。这是很自然的，我们心有所感，总要把它发抒出来。小孩子的啼哭，可以说是"原始的"了：小孩子并没有想到把他的不快告诉母亲，可是一感到，就啼哭起来了。我们作抒情的文字，有时候很像小孩子这样：自然倾吐胸中的情感，不一定要想告诉人家。这所谓"物不得其平则鸣"。平是指情感的波澜绝不兴起的时候。只要略微不平，略微兴起一点波澜，就自然会鸣了。从前有许多好诗，署着"无名氏"而被保留下来的，它们的作者何尝一定要告诉人家呢？也只因"情动於中，不能自已"，所以歌咏了出来罢了。
>
> 但是，有时我们又别有一种希望，很想把所感的深浓郁抑的情感告诉於人，取得人家的同情或安

慰。原来人类是群性的,我有欢喜的情感,如得人家的同情,似乎这欢喜的量更见扩大开来;我有悲哀的情感,如得人家的同情,似乎这悲哀不是徒然的孤独的了:这些都足以引起一种快适之感。至於求得安慰,那是怀着深哀至痛的人所切望的。无论如何哀痛,如有一个人能够了解这种哀痛,而且说:"世界虽然不睬你,但是有我在呢;我了解你这哀痛,你也足以自慰了。"这时候,有如见着一线的光明,感着一缕的暖气,而哀痛却转淡了。有许多抒情的文字,就是为着取得人家的同情或安慰而写作的。

——叶绍均:《作文论》,四五至四六页

这一类发抒情感的文章,实在不在少数,一切诗歌词曲骚赋之类,几乎全部都是。所以,在文章分类上,非给抒情文一个位置不可。抒情的文字,固然几乎全部都具"有音节",但是,散文既有人曾用以抒情(如司马迁《报任少卿书》之类),韵文又何尝没有人曾用於叙述或议论(如事类赋及陆宣公奏议之类,就是把"有音节"乃至"有韵"的文体用於叙述和议论的好例)？况且"文言文"大抵都是琅然可诵的文字，就是白话文，近来也有人主张"注以声律使复活为读的作品"。可见"有音节的文字"和其他的文章，其界限并不截然各别，同时它与"发抒情感的文章"，其范围也不完全吻合。这样看来，"韵文"这个名称是代替不了抒情文的，所以本书不采用"韵文"的名称而采用着"抒情文"的名称。

实际的分类是就主要的内容说的

这里必须特别注意的是：这种分类，是就理论上的分类说的。事实上，既成的文章或我们的写作，大多数都是混合着几种文章要素而组织成功的。凡是具体的事物，本来就没有纯粹的东西，反映到我们脑里，就没有纯粹的心象，写成文章自然也不是例外。例如：叙述文里往往就包含有说明文，论辩文里也往往有说明文或叙述文，而且论辩文写得真挚的时候，也会不期然而然地奔进着热烈的情感，这是当然而且必要的。然而，一篇文字，常有它所要表现的主旨，这主旨就决定了它的主要内容。主要的内容属於哪一种类，我们就无妨把它归入哪一种类的范围，说它是哪一种类的文章。所以，在实际上，文章的分类是依着它的主要的内容来决定的。这是一种便宜的方法；不然的话，分类就不可能了。

第三节 论辩文的本质

什么叫论辩文

从上节所举诸家的文章分类的引例中，读者已经可以就他们关於论辩文的解释，获得一个论辩文的约略的概念了。但是，论辩文是本书所要研究的对象，所以还得详细把它分析一下，才能够把握它的真正的本质。

从写作论辩文的目的来说，不外是作者自己有了某种主张，想用论辩文的形式把它发表出来，好叫人家相信，跟着自己一路走。这，在发表自己的议论的时候，固然是明白地提出自己的主张；就是驳斥人家主张的时候，也是拿自己的主张做出发点的。如果自己没有积极的主张，纵然能够把人家的主张驳倒，也是徒然的。而且对方很有权利可说："我的主张不对，那么，拿你的来！"你如果真的拿不出来，就不能叫人家心服，算不得真正的胜利。如果没有积极的主张，怎能够教人家跟着你走呢？事实上，驳斥人家的主张的人，大都是有他的主张的。不过不同的只是：他自己的主张是不是合理？是不是成熟到能够具体地拿出来？是不是没有积极地拿出来，或者因为种种的关系，不便明白地说出来，而暗暗里已经存在着了？

　　论辩文的目的既然在於叫别人跟着它所提出的主张走，那么，它第一步必须使人家明白那种主张的确能够成立，是正确的。所以，作者就负有责任必须把它之所以能够成立的理由和证据向读者证明。要从事证明，就非靠仗逻辑这种工具不可了——其实，作者在脑子里形成那种主张的时候，早就或多或少地，自觉地运用过逻辑或不自觉地为逻辑所支配；在写作的时候更不消说了。然而，单是冷静地把它证明给读者，往往不足以引起读者的情感，推动他出於行动。并且，作者对於自己所主张的，如果有着真知灼见，是非了然，利害清楚，那么,他在向读者证明的时候,自然也会随伴着一种热烈的情感,这种情感就能够鼓舞读者出於行动,使他的实践和理论统一起来。必得到了这一步,论辩文才算达到了它最后的目的。所以,《因明颂》说:

能立与能破,及似,唯悟他。

"因明"是印度古时的逻辑,经过陈那的改造而成为佛教发扬理论和克服论敌的工具。上引颂文中,所谓"能立",就是说自己的主张能够建立起来;所谓"能破",就是说人家的主张我能够把它打破,即是人家的主张里面包含有可以打破的缺点。为什么要"立"要"破"呢?都是由於要"悟他"——即是说使"他"人"悟"到真理,兴起正确的行为,纠正错误的行为。所谓"及似"的"似",指的是"似能立"和"似能破"两者说的。一般人的立论,有的表面看来似乎能立而其实立不了,有的似乎能破而破不了;但是他的目的也在於"悟他",不过因为运用逻辑没有到家,分析事物不能透彻,以致议论中含有缺点,不能达到"立"和

"破"的目的罢了。梁任公就曾根据这一颂文去下论辩文的定义,说:"论辩之文,是自己对於某种事件发表主张,或修改他人主张,希望别人从我。"(《中学以上作文教学法》,三〇页)。现在参酌梁任公及汪倜然先生的定义,更显豁地下一个定义如下:

论辩文的定义

论辩文是运用逻辑的方法,提出理由或根据,来证明自己的主张的正确,或别人的主张的错误,希望别人依从着我的文章。

论辩文有再分类的必要吗?

普通的作文法,常是再把论辩文细分成几种。实际有细分的必要吗?且先介绍几种分类,然后再看看有没有细分的必要。

第一例,我们可以举出周乐山先生的《作文法精义》的分类。他说:

论辩文从应用方面,可以分为主张的、评论的、攻击的、辩解的四种。但在论辩文中更有一种用泼辣的文笔来讥讽世事或某一事的,别有一种隽永的风味的,这是论辩文中的别一格式。

——周乐山:《作文法精义》,六四页

第二例,梁任公在《中学以上作文教学法》中说:

论辩之文……凡分五种:

(一)说谕;

(二)倡导;

(三)考证;

(四)批评;

(五)对辩。

——梁启超:《中学以上作文教学法》,三〇页

第三例,是汪倜然先生的分类法。他说:

每篇论辩文的组织是相同的,然而每篇论辩文

的性质不一定相同。换句话来说,论辩文虽有一致的构造,但因为性质的不同,可以分几种。简略地说起来,可以归为三大类,这三大类是:

(一)事实的论辩文(Arguments of Fact);

(二)信仰的论辩文或原理的论辩文(Arguments of Believer Principle);

(三)政策的论辩文(Arguments of Policy)。

——汪倜然:《论辩文作法》,四六至四七页

从上举的三例看来,我们可以明白他们分类的标准是不一样的。第一例,是拿"应用"做标准的分类。第三例,是拿"性质"做分类的标准;著者都自己明白地说出来,没有问题。第二例的著者,自己没有声明用的是哪一种标准,(一)、(二)、(四)、(五)的四种子目,似乎是拿应用做标准:"说谕"和"倡导"两种相当於第一例的"主张的","批评"也和第一例的"评论的"相同,"对辩"则兼有第一例的"攻击的"和"辩解的"两种;至於第三目的"考证",则似乎是从性质上说,近於第三例的"事实的论辩文"的。关於

"考证之文"这一项,梁任公自己说:

> 在五种论辩文之中,其余四种文字常常要用考证,因为无论何种文不能不用考证。……考证差不多是论辩文之中坚,不用考证,很难做来一篇圆满的文字。有许多文字专做考证,专考一事供给别人或自己倡导、批评之资料。
>
> ——梁启超:《中学以上作文教学法》,三一页

从这一段说话,可见他自己就没有用着同一的标准来分类,不过只把常见的几种论辩文杂凑起来罢了。杂凑不算分类,所以对於第二例,可以姑置不论。现在只就第一和第三例来看看它们是不是合理,实际上有没有必要——尤其是从作文法的观点上来看看有没有分类的必要。

第一例的分类,从理论上说有许多缺点:

第一,前四种——"主张的、评论的、攻击的、辩解的"——和所谓"论辩文中的别一格式"的不同只是技巧上的不同,把它归为一类,就使分类的标准不能够

贯彻。周先生自己也说："至於用讽刺的笔调来攻击他人的论辩文，虽然形式上（？）是极诙谐的，但终究无害於论辩文之庄严。"从这几句话中，可以看出周先生自己也承认"别一格式"的论辩文是属於他所谓"攻击的"那一种，所不同的只是"讽刺的笔调"和"形式上（？）"的"诙谐"罢了。把它另分为一种，是不妥当的。

第二，前四种分类中间，也没有确然的界限，尤其是后三种。因为"评论"和"攻击"只是态度和程度不同的问题；至於"辩解"，一方面从回护自己的主张说，可以说是主张的文章，另一方面从打破别人的攻击说，可以说是评论或攻击的文章。其实，一篇最好的"评论的、攻击的"论辩文，都包含有作者自己的积极的主张；一篇最好的"主张的"论辩文，也往往在提出主张的前后，要对於从前或当时的不同的主张加以评论或攻击，"或不待人家批评我，而我先算到将来有某种某种非难，一一驳斥之"（梁任公语）。即是说，在论辩文里预先"辩解"。善於做论辩文的人，当文章受到人家的评论或攻击不得不写"辩解"文字的时候，也一定不肯仅仅答覆人家的非难就算数，常是利用"辩解"

的机会，更进一步地去发挥自己的主张。实际上的情形如此。理论上，主张和攻击是相反而相成的，恰和战争上的攻守一样，不能孤立而存在。所以，严格地说，这种分类是不可能的。如果你把它们——其实只是"立"和"破"，即"立论"和"驳论"两种——看作论辩文的要素，再依据它们在论辩文中是否构成主要的内容做标准，像我们分类文章一样地来分类论辩文，也有相对的可能。即是说，立论构成主要的内容的，归入"立论的论辩文"；驳论构成主要的内容的，归入"驳论的论辩文"——这样地分成两目。但是这种分类，在作文法上，是没有多大意义的（例如，立论的论辩文要主张得周密巩固，驳论的论辩文要驳斥得深刻尖锐之类）。

第三例的分类，在方法论上，的确是比较第一例的分类法进步，因为它是就文章的性质来分类的。但是从它的结果看来，也还有不妥当的地方。

先拿（一）类——"事实的论辩文"来说。这一类的文字，大体上是一种"考证"的文章，不是严格意义的论辩文，正如梁任公所说，是"专考一事供给别人或自己倡导、批评之资料"。只因为它的组织形式及证明方法和严格意义的论辩文相同，所以无妨附在论辩文（一）类里面。这类文章，大抵是不希望读者有所行动的。

又如（二）类——"信仰的论辩文或原理的论辩文"。要是只在证明某一学说或原理，那就是"说明文"；要是在倡导着那学说或原理的应该奉行，那就涉及所有"政策"的范围，它的目的就不在介绍学说或原理的内容，和"政策的论辩文"性质上有什么分别？并且，凡是建立一种"政策"，必须有某种原理做它的基础，甚至还需要关於有关系的事实的考证。而拿某种"政策"去说服人家的时候——如果采取文字的方式——也必须把那种"政策"所依据的学理或原理当作理由或根据，向读者证明。在估量到读者对於那学说或原理的了解需要若干说明，或论敌对於它们提出疑问的时候，作者还应该再把那学说或原理证明。从这里，可见学说和原理对於"政策"，关系是怎样的密切。

实际上，（三）类的文字——"政策的论辩文"是很少可能离开它们来写的。这里必须注意，学说和原理在（三）类的文字中并不构成主要的内容。所以，把（二）类和（三）类分开，只是一种抽象的说法；具体的论辩文，就不能够这样地分类。只要看一看几年前关於中国经济性质论争中所发表的那些文字，就可以明白所谓"政策的论辩文"是怎样地离不开学说和原理的了①。

一句话说，论辩文这类文章，在组织上，在证明方法上，都彼此没有显著的差别；纵然勉强地把它们分类，但在作文法上看来，也没有什么利益。为了避免烦琐、枝节起见，所以我们不主张再行把它细分①。

第四节　论辩文的组织

论辩文的构造

论辩文的生命，完全在於论证正确、条理井然，文字上的修饰还在其次。如果组织不良好，就是有充足的理由和证据，也不能够充分地发挥它的力量，而使读者信仰，兴起行动。所以，论辩文的组织贵有次序，结构尤须严密。论辩文的结构，无论怎样地复杂，但它的组

---

① 原文如此。——编者注。

成部分却很简单的，通常都可以分为三大部分：第一部分叫"绪论"，第二部分叫"正文"，第三部分叫"结论"。有时候也兼具"驳论"，不过这一部分，不一定非具备不可，而且实际上多包含於"正文"之中，有的时候甚至插进於"绪论"或"结论"里面，而构成它们的一部分，所以不必把它看作独立的部分。

论辩文采取这样的次序，不是偶然的，而是客观事物关系的反映。因为论辩文的目的，在於发表一种主张——广义地说，"驳论的论辩文"仍然是一种主张——故它的第一步必须把那种主张的要旨标明出来，使读者知道作者议论中心的所在，这就是"绪论"。第二步，接着就须向读者提出所根据的理由和论据来证明这一主张的正确合理，这部分就是"正文"。既已经把自己的主张证明了，最后一步，必须向读者再做一番交代，表明话已说完，希望读者做些什么；所谓"结论"，就是指这一部分。

希腊人常把动物的形体比文字的各部分：动物有头、有身、有尾，所以文字也须有个开端、中段和结尾。这说法，适用於论辩文尤觉确切。所以这种次序——绪论、正文、结论的次序，可以说是事理的当然，在普通的说话中也常常这样地做的。这反映到论辩文里，就成为它的组织形态的次序。由於主张的是否正确，完全要看它的理由和证据是否充足确实，所以论辩文的"正文"的好坏，就关系着整个文章的成败；因此，这部分常为作者全力所贯注，而成为了论辩文最重要的一部分。故在分量上，"正文"往往要占去全文的大半。

印度的"因明"，上面说过，是佛教徒为了"悟他"——"说法"和"造论"——的目的而改造发展起来的逻辑。（《因明颂》在"能立与能破，及似，唯悟他"这句之后，才说到"现量与比量，及似，唯自悟"，显示了这一逻辑着重"悟他"的特质。所谓"现量"，即由感官得来的知识；"比量"，即由推理得来的知识；"似"即"似现量"和"似比量"，"似现量"指的是因感官有毛病而得的错觉，"似比量"指的是因推理有错误而得的邪智。）所以，"因明"不但以"悟他"为主旨而详细阐明"能立""能破"等的规律，而且它的论式（即推理方式）也适合於论辩的自然的次序，简直可说是一篇论辩文的组织的缩影。例如：

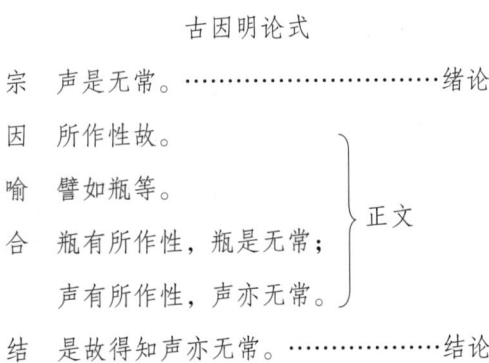

古因明论式

宗　声是无常。⋯⋯⋯⋯⋯⋯⋯⋯绪论
因　所作性故。
喻　譬如瓶等。
合　瓶有所作性，瓶是无常；
　　声有所作性，声亦无常。　　　正文
结　是故得知声亦无常。⋯⋯⋯⋯结论

这是古因明的所谓"五分作法"，新因明把"合"和"结"二项省去，只留下"宗""因""喻"三项，称作"三支作法"。这固然是表示"合"和"结"只是把前三项所推论的结果重说一遍，在逻辑上不妨省去；然而，同时也就暗示了"结论"在论辩文中可以省略的道理了。

为使读者明了因明的大意——同时为便於第四章的说明——起见，试引大西祝博士解释因明的"五分作法"的一段文章如下：

右例，最初一段曰"宗"，以次而"因"，而"喻"，而"合"，而"结"。"宗"者，立言者意旨之所在，乃议论之主题也。"声是无常"云者，即立言者所主张之宗义，首宜揭之，以为彼我间议论之标的者。顾主张之矣，而为论敌所弗首肯，则立言者须示其所以主张之理由，是为"因"。第二段"所作性故"云者即尸此。以声之起色，由於因缘之和合，而有"所作性"，本是以为其无常之理由，因以立其宗也。然而以声之有"所作性"为无常之理由矣，而仅漠然言之固不可；须有物焉，实为有"所作性"而无常者以证之，则"喻"是。第三段"譬如瓶等"云者，所以揭其例也。夫有其理由矣，更取譬喻於一物而证明此理由，使为论敌者，据现有之事实，而悟夫声之以"所作性"而无常矣。至此，唯有引瓶等等与声而合之，以见夫后者之为物，其"所作性"与无常之关系，与前者正等。故第四段合之曰"瓶有所作性，瓶是无常；声有所作性，声亦无常"。过此以往，则议论已定，而可有以"结"之。故第五段

"是故……亦无常"云者,则所以结其说也。

——《论理学》,胡茂如译,下卷,五页。

从这里我们可以看到,论辩文的组织的常态反映着一种事理自然的秩序,并不是任何人所创设,不过有时候为了某种方便,或者把"绪论"或"结论"省略去,或者把它们的次序稍为倒置罢了。例如《墨子》中的《非攻》,就是省略了"绪论"的例;《庄子》中的《天下篇》,就是把"结论"放在"正文"前的例。

论辩文的标题与主题

一篇文章的题目,对於那篇文章有着重要的关系。它是文章的有机的一部分,好像是商店标明货色的招牌,使人一望就知道它卖的是一些什么货物。题目标得好,不但容易惹起读者注意,吸引他去阅读,而且能够集中读者的注意力,帮助他去了解文章的内容。

在人们想提起笔来写一篇论辩文的时候,一定是觉得自己有了一种主张要发表,或者是对於别人的主张不满意，觉得非驳斥它不可。这种待写的意思，就形成了那篇要写出来的文章的题目。不管它写出来的时候是千言万语，但归根到底总是不离开那个意思；把它压缩起来，千言万语便可以变成一句话。这一句话，总是一种断定，用逻辑的术语来说，就是一个"命题"，例如："声是无常。"

所谓"绪论"，是用来引出命题，使读者明了作者意思的所在：或者叙述它的由来，或者限定它的范围，或者阐明它的涵义，或者提示它的要点，或者说明获得它的方法等等，不只一端。它的效用，不外是惹引读者注意，帮助读者理解。

所谓"正文"，是用来证明那个命题之所以能够成立和正确，不管它是从正面去证明还是从反面去证明，或者用举例或譬喻去证实，其用意不外於表示命题的合於真理，不可动摇。经过证明之后，读者已经明白了，论辩文的责任可以说是已经完毕。

所谓"结论"，不过是重新把命题已经确立这一事实向读者交代一番。这时候，作者就有了很好的机会，可以鼓舞读者依照命题所表现的真理去行动了。

中国有一句成语，说"项庄舞剑，意在沛公"，打个比方，命题就是作者意中的"沛公"，从绪论到结论的整篇文字，就等於作者的各种"剑法"。所谓"语不离宗"，也是指着这个境界。

每一篇论辩文的主要的命题（可以称它作"主题"）只有一个，其他的命题都是用来证明这个主要命题的，可以看作一种手段。可是，用文字把它写将出来，就可能写成许多不同的文句，如果选出一个写在论辩文的前面，那就是"标题"。普通叫它作"题目"（或"论题"）。因为"题目"这个名词，普通用含混了，例如：说"做文章找不到题目"，它指的是命题；问"某人某日在某报登载的文章，题目叫什么？"这"题目"指的又是标题——觉得用"标题"这两字要妥当些，所以不叫它题目而叫它标题。标题如果做得不好，文章虽美，理由虽足，也可以为读者忽略过去，得不到那篇文章应得的效果。夏丏尊先生说：

> 论题本应是一个命题，就是一个完全的表明语句，但题目除表示论文的主旨外，有时还含有刺激

读者的作用。所以如"女子不该参政吗""文化运动不要忘了美育""异哉所谓国体问题"等形式的题目都有，但实际上不过是从"女子应当参政""文化运动应当注意美育""非国体问题"变化出来。

——夏丏尊：《文章作法》，七九页

从这段文字可以看出：

第一，标题和命题实际上不必一致。例如：韩非的《说难》，"说难"是标题，但它的命题则为"说人主难"；苏轼的《论养士》，"论养士"是标题，而它的命题则为"士不能不养"等等。是两者不一致的例。又如苏轼的《刑赏忠厚之至论》、胡适的《诸子不出於王官论》等等，都是两者一致的例。但是，论辩文的标题与它的命题，终究是不一致的占了最大多数。这是因为标题在表现命题要旨之外，还有吸引读者注意的任务。

第二，是"异哉所谓国体问题"这标题的确比着直接了当用"非国体问题"做标题要动人得多，所以好。例如陈博先生一篇登在《中央日报》（二十九年十二月九日）的"每周专论",标题为"敌人政治的红球",也是一个新鲜生动、惹人注意的好标题。它讨论的是"日本政治已有爆发革命的征兆"（这是它的命题）,因为在敌人疯狂轰炸之后,利用着人们对於警报信号——"红球"的紧张的心理,使人们看到这个标题就忍不住要去阅读他的论文。

不过,我们必须记住:论辩文的生命在於能够建立正确的命题,具体地说,在於它的主张的确是真理。不然的话,就是有了很动人的标题、很巧妙的文字,结局也是徒然,经不起人家一度批评,甚至会使人怀疑作者在"挂羊头卖狗肉"。例如:梁漱溟先生的《东西文化及其哲学》那部书,所用的标题——"东西文化及其哲学",何尝不堂皇冠冕,动人耳目,但因为书中所写的内容不能和它的标题相称,遂使那堂皇冠冕的文句变成一个不好的标题,倒反把那本书带累了。这就是难怪李石岑先生要批评他说:"我们骤听了'东西文化及其哲学'这个名称,应该联想他这部书是讨论或比较东西文化和哲学的,应该是主论东西文化旁及东西哲学的或附论东西哲学;要这样说,这个名称才说得通。但按之这书的内容,却不如是。他是由东西哲学去观察东西文化的,这就是他这部书的大错处。"(沈镕:《国语文选》,第三集,一三四页)。

至於命题怎样地建立,标题怎样的写法才算好的,都留待下章讨论。

第二章　写论辩文的准备

准备功夫的必要

一个人，必得到了对某一事物觉得非发表自己意见不可，或者对某种主张觉得非加以修正或驳斥不可的时候，才会动笔来写论辩文。无论是发表自己的意见也罢，修正或驳斥别人的主张也罢，要写得好，作者平日就得对於那些方面有经常的关心和研究，有较深刻的认识和较丰富的知识。没有平日的素养，不但不能"言之有物"，不能正确地提出问题，甚且对於客观现实所提出的问题也会"熟视无睹"，让它"云烟过眼"，不留一点印象。所以古人论文，要注重平日"积理"。关於平日的经验和研究，不是一朝一夕可以做到的事，怎样地去"积理"，本来不属於本书所要讨论的范围，这里且不说它。不过得提起读者注意：所谓"写自己所熟悉的事"这句话，对於初学写论辩文者，也永远是一句正确的指示。

这里所要讨论的"准备功夫"，指的是从论辩文作者觉得有话要说的时候起，到动笔写作的时候止这一期间的工作。

记得从前有一个人在一本书里说过：一种著作的寿命的长短，常与它孕育於著者脑里的时间成正比例。这就是说，著作的准备时间愈长久，著作愈有价值，能够流传久远。做论辩文也不是例外。就是"写的是自己所熟悉的事情，在动笔以前，也应当将这些自己熟悉的事情再郑重研究，检阅着自己一向对於这些事情的见解和观察有没有错误，是不是浮面"。所以，要写出好的论辩文，准备功夫是绝对必要的。因为论辩文必须是组织严密、内容充实而且处处合乎逻辑的文章。但是，同是准备功夫，如果做得得法，便可"事半功倍"，做得不得法，也会"徒劳无功"。所以，特辟一章来讨论准备的方法。

第一节　怎样地建立命题

第一步功夫应当是建立命题

　　通常讨论论辩文作法的书,往往把准备功夫分作三个步骤:第一步是"分析题目",第二步是"搜集证据",第三步是"编定纲要"。(例如汪倜然《论文作法》,六八页。)但是把第一步定为"分析题目"是不大妥当的。第一步应该做的功夫,是"建立命题",不是"分析题目"。(这里所谓命题,指的是构成全篇主旨的主要命题,仿佛文艺的"主题"。高尔基曾论及主题说:"主题——这是一种思想,生长於作者的经验里面,由生活暗示给他,但潜伏在他还没有形成的印象的库里而要求体现於形象中,唤起他去努力形成的冲动。"这几句话,在论辩文也还是适用的。)因为论辩文的题目由别人指定的,毕竟是很少的几个场合:一种是初学写作的人,论题由教师指定;一种是卖文为活的人,论题由买主指定;一种是做"驳论的论辩文"的人,论题是原作者所限制。

但是，在第一种场合，"凡是贤明的国文教师，他所出的题目绝不会超出了学生的经验范围。他出题目的时候，完全放弃了自己的主观见解，只是站在学生的立脚点上，代替学生设想：什么材料是学生所有的经验，是学生所能写的、要写的。选择定了，他才写出题目来。"（叶绍钧：《写作什么》，见《阅读与写作》，二十九页。）第二种场合，买主指定论题，也多数是指定部门或范围。第三种场合，"驳论"的作者，当他觉得非驳不可的时候，大都自己已经漠然地有了一个和论敌对立的命题在脑子里，故他所需要分析的也不仅限於论敌所提出的"题目"。

除了上述这些作者之外，大多数论辩文作者，都是自己提出命题来写的。所以，论辩文的准备功夫，大都不是开始於"分析题目"，而是开始於"建立命题"。

命题是客观事物关系的反映

在客观世界里，有着个别的事物存在，但是个别的事物不是彼此隔离的、彼此孤立的存在，它们中间都有种种的联系和关系，而形成客观的整体。这种存在，反映於人类的思维中，就成为人类的思想构造。所谓"命题"，就是这类构造的一种。王特夫先生的《论理学体系》中，有一段话这样说：

> 所谓命题，乃是一种发表那反映客观事物及其关系的思维构造语言之格式，它是语言的符号所构成的。但它并不同於单纯的名词，只单纯地标识着事物的种类和个体，标识着思维对於事物所发生的概念等等个别的零散的单一存在性，而是标识着这些东西的组织性。所以命题是这种事物名词的组合体，一方面是标识着思维自身的构造形式，标识着思维对於客观事物的认识和组合形式；他方面也由思维之反映客观、传达客观的实在於语言的符号中的中介作用，而成为标识客观事物及其法则的东西了。假使命题不是这样实际地切合於思维，思维不能反映客观的实际，那么，我们想从命题去理解思维，更从命题去理解一个人对於客观世界的认识之正确或不正确，以至从智识中获得它所反映的客观

世界的真实状况,都完全成为不可能。

——王特夫:《论理学体系》,一一七页。

因为命题是用语言或文字表现出来的一种思维构造,那么,第一,就必须思维能够正确地反映客观世界的事物及其关系;第二,必须语言或文字能够逼真地表现那一思维。然后命题才能成为正确的命题。因为论辩文必须包含有一个主要的命题,是展开那一命题而写成的文章,所以,当我们要写一篇好的论辩文的时候,第一必须分析我们所要讨论的客观对象或现象,构成一个正确的思维构造;第二才用语言或文字把它表现出来,形成一个正确的命题。这是当然的顺序。

所以说,准备功夫的第一个步骤是建立命题。到了命题建立起来,"搜集材料"的方向和标准就大体确定了,"编定纲要"的层次和条理也大体整备了。以后只要依照命题的指导去搜集,去编制,就可以完成准备功夫而着手从事写作。比较困难的还是这第一步的功夫。不但如此,在分析客观对象及其关系去建立命题的时候,后来在论辩文里所要用的推理,大抵都须运用,不过写作时候发展得更加绵密罢了。这就可以看出这一步功夫是怎样的重要。

再就写"驳论的论辩文"来说，也没有什么大的不同。作者不是读了原文，觉得它和客观现实不符，或者和自己的主张不合，是不会写驳论的。在原文是篇简单的短文的时候，有时固然能够一览就找着它的谬误；如果原文是一篇复杂的巨制，就没有那么容易。（在各种论战当中，我们往往看到原作者指责论敌故意曲解他的论旨（命题）。故意曲解不能说是完全没有，但无意误解却是常有的。可见分析别人文章指出它的错误，并不是容易的事。）故在写驳论之前，我们不仅必须分析原作借以找出它的论旨（命题），而且还须分析它所讨论的事物及其关系，指出它不能反映客观现实，并证明自己主张的正确。这样看来，论辩文的第一步准备功夫，实在不是"分析题目"几个字所能包括得了的。

怎样建立命题

那么，怎样地建立命题呢？

当我们头脑里生起了要写篇论辩文的念头的时候，它的命题虽然不一定会十分明晰，但终归是有点影子，至少那命题的一个成分——主词所代表的对象、现象或和它有关的事物，一定会浮现出来的。

比方说，我们生起一个念头，要写一篇讨论小品文的文章。这时候，或者因为读了小品文觉得它很有用处，或者因为读了某些讨论小品文的文章，觉得它的主张不大妥当，等等，於是不觉技痒起来，想也来写点什么。这时候，我们脑里就会漠然浮现出"小品文是应该提倡的"或"小品文是不应该提倡的"，或"这样的小品文是应该提倡的""那样的小品文是不应该提倡的"，等等；至少也会浮现出"小品文"或关於它的某些观念，觉得有须加以"云谓"。

又如我们对於"坚持抗战到底"想说些话的时候，在脑子里，必定已有关於日寇三年有半以来占领我国许多领土，残杀我国许多人民，焚毁掠夺我国许多财产；日本帝国主义灭亡中国的野心是怀蓄已久，近来愈更变本加厉；汉奸汪精卫等的为虎作伥的卖国行为；目前国际形势，因我们的坚持抗战日益於我有利；以及我越战越强,敌越战越弱,等等的印象和观念。或者浮现出"坚持抗战到底应当这样""坚持抗战到底必须加强团结"等等漠然的命题。

这时候,我们第一步就必须把这些印象、观念以及漠然的命题略加整理、分析,使它成为一个明晰的命题形式。第二步必须观察和分析客观对象及其关系,使我们的思维能够正确地反映着它们。第三步再用那正确地反映了客观对象的思维构造来检查我们最初的命题形式,看看是否正确。经过了这一番检查、修正的功夫之后,用适切的语言或文字表现出来,就成为我们所要写的论辩文的命题。这样,我们所需要的命题就建立起来了。

由这一整个的过程看来,可以明白我们所进行的分析——同时从另一个角度看来也是综合——的对象,主要的是我们所要论到的客观事物及其关系,并不是什么"题目"。如果关於客观事物及其关系没有正确的认识,我们就不能够建立正确的命题,即是不能够有正确的论旨。写论辩文如果只从"分析题目"做起,那就和从前做"八股文"或"论"、"议"的做法没有两样,充其量不外是一种巧妙的文章游戏罢了,是没有可能去接近客观真理的。

再就上举的例更具体地来说明吧。比方说,在我们要写一篇关於小品文的论辩文的时候,脑子里有的假如只是一种模糊的爱好小品文的观念——或者喜欢它短小精悍可以"以少许胜多许",或者喜欢它形式自由,所谓"宇宙之大,苍蝇之细"都无不可谈……总之爱好的原因,什么都好——这时候,如果把它整理为命题的形式,就很容易变成"小品文是应当提倡的"这样一个命题。假如要再进一步把这个命题建立成功一个正确而且明晰的命题,那么,就非去分析小品文这一类具体的文章不可。即是说,要从具体的小品文去观察它的形式、内容是怎样的东西,是可能发展成为怎样的东西,是不是可以无条件地去提倡。不然的话,尽在小品文这个概念里面打转,结局是不会分析出什么来的,因为这个概念从来就没有一定的涵义。

假如我们把普通所谓小品文的与其他的文章比校一下,马上就可以发现它除了形式短小之外,它的内容和性质与其他的文章没有什么两样。正如夏丏尊先生所说一样:"长文和小品文是由外形而定。因为小品文的内容、性质全然自由，可以叙事，可以议论，可以抒情，可以写景，毫不受何等限制。"（《文章作法》，一一五页）再从小品文的历史方面看来，实在也是什么内容、性质的小品文都有过。可见所谓小品文者，只是一个为了说话方便而设的名称，并不是一种科学的文章分类的名词。我们根据这一分析就可知道，"小品文是应当提倡的"，是一个不正确的命题。因为小品文的内容既然什么都有，笼统地提倡是没有意义的；同时，笼统地反对也没有意义。

於是上述的命题就应当把小品文这个主词加以一种规定，改成"某种小品文是应当提倡的"。怎样地规定它呢？就是说，应当提倡的是怎样的小品文呢？那也不是在小品文这一概念里面可以得出结论的。还得从它们的具体的内容方面去找，并且不能离开时间、空间的关系去找。因为处在目前严重的民族危机之中、非抗战到底就无以自存的中国，所谓"个人的玩物丧志"或"西方的个人主义加东方的骚人名士主义"的那种小品文，不但不应当去提倡，反而是应当反对的。"但小品文这一'古已有之'的文学形式，虽则被所谓'幽默大师'

们用来抄抄旧书，'谭谭风月'，其实何妨我们批评地去采用它来写写'轰轰烈烈的革命文章'呢？"（春夫先生语，见《大晚报·火炬》）具体地说，何妨批评地采用它来写写"抨击汉奸""鼓励士气"等等的文章呢？如果和"时""空"的关系联系起来这么一想，我们就可以知道，应当提倡的是"革命的"小品文。到了这里，我们所需要的规定——"革命的"（它的具体的意义就是有利於抗战建国的）——就有了。我们上述的命题就变成"革命的小品文是应当提倡的"了。这样，我们关於讨论小品文所需要的命题就建立成功了。

建立命题附带可获许多便利

我们如果这样地去建立命题，不但可以获得一个正确的命题，还可以附带获得许多便利：

第一，可以抓住论辩的问题的要点。因为作者所分析的是命题所以成立的客观现实，所以，议论的问题的症结所在，即问题的要点所在，无须另去找寻，只须把它抓住就得。

第二，可以获得论辩文的纲要的张本。因为建立命题的时候，必须考察命题所以建立的理由。这时候若把它们记录下来，就成为纲要中所需要的要领，可为后来编定纲要的张本。

第三，可以获得命题所含有的名词的定义。因为命题所含有的名词，乃事实上构成我们所要分析的客观现实主要部分，不把它弄清楚，就不能够达到分析的目的。所以，在分析完竣之后，只要把这一部分的内容老老实实地记录下来，就可成为一个很好的定义，并且较诸到旁的书籍中引来的还要适用得多：因为是从整个的客观现实的分析得出来的，所以格外会和自己的论旨相联贯。

第四，可以获得论辩文结构的一个轮廓。因为作者既经在分析现实之中，把论辩文的对象全般地检阅了一过，其中轻重、先后早已成竹在胸，如果根据它来布置全文结构，不但不会"挂一漏百"，而且不至"望文生义"了。

第五，可以获得"搜集材料"的方向和标准。因为经过了这样的分析过程，作者早已清楚所需的是一些什么材料。知道材料的种类性质，就十中八九可以知道向哪方面去找，同时知道是否合用。这对於搜集材料的工作，既可收"事半功倍"的效果，并且也不至为材料所眩惑，在不知不觉之中陷於逸脱主要论旨的毛病了。

根据以上这些说明，我们可以明白了三件事：一是准备功夫的第一步确是建立命题；二是建立命题的过程，大部分的功夫是用於分析论辩文的对象——客观事物及其关系；三是这种分析不但有绝对的必要，而且有许多好处。

虽然，在还没有习惯於这种功夫的人，是多少要感到困难的。不过，一来，因为论辩文的真价值在於阐明客观事物的真理，不在於玩形式逻辑的乃至美辞丽句的把戏；二来呢，纵使开始就照普通作文法去分析题目，后来也不能不涉及论文的对象的内容；三来，到了搜集材料、编定纲要以至写作的时候，假如你希望把论文写得"入情入理，有物有序"，你还得时时回头去顾到客观事物的实际情形，进一步去检查它的内面和外面的种种联系。结果，对於论辩的对象的分析功夫还是免不了的。恰恰相反，因为这样地几次去做，总比一气做去要多费精力和时间,甚至还会因情绪的变化而弄到前后不相联贯了。

依着上述的程序去建立命题,固然可以获得正确的命题,但还不能够保证所得的命题一定正确;要保证它一定正确,就非具有下列两个条件不可。

保证命题正确的两个条件

第一,作者的立场必须正确。上面说过,论辩文的真价值在阐明客观事物的真理。如果作者的立场不正确,就不能而且亦不敢正视客观的现实,结果不是把它弄模糊,就是把它弄歪曲了。那样地得出来的命题一定不会正确,写出来的文章也就不能表现真理,怎样能够使人信从?梁任公曾说:"论辩之文最要条件有二:一耐驳,二动听。"(《中学以上作文教学法》,三三页)如果因为作者没有正确的立场,不能把握着客观的现实,就缺少了"耐驳"的条件,纵使在技巧上修饰得"娓娓动听",到底是一种"虚花",虽好看,经不得识者一驳。那么,这全在於作者能够学取科学的世界观和历史观，把握着科学的哲学，才能站在正确的立场上去观察事物。

第二，作者用以分析事物的方法必须正确。论辩文所要讨论、处理的对象无论属於哪一方面，总不会逸出自然、社会和思维的范围。这三者虽然各有各的特殊性，但是它们是有一种共通的性质的，就是都是变动的、发展的、对立而统一的，而且具有一般的发展法则的。所以要分析它们，就非利用它们的发展法则不可。譬如庖丁解牛，能够十九年而刀若新发於硎者，正由於明白牛的腠理而借以批郤导窾的缘故。所以我们所用的分析方法，必得适合於事物本身的发展法则，才能获得客观的真理，才是正确的方法。这只有凭借着"动的逻辑"——"矛盾的逻辑"，才能达到目的。因为这种逻辑实为"关于自然、社会和思维的一般发展法则的学问"，是能够反映那些发展法则的。普通所用的"形式逻辑""归纳逻辑"乃至印度的逻辑——"因明"，都是做不到的。为什么呢？事物是不断运动的，而形式逻辑等却把它们看成静止的东西；事物是互相联系的，而形式逻辑等却把它们看成各个孤立的东西；事物是发展的过程①，而形式逻辑等却把它们看成已经完成了的东西；事物的运动是由於它们自身所内含的矛盾的斗争，而形式逻辑等却把它们看成由於外力的推动；事物常发展成为它的反对物——如自由竞争发展而成为独占——而形式逻辑等却把原来的事物和它的反对物看成互无联系的两种各别的东西……因此，形式逻辑等就不能把握事物的一般发展法则。也正因此，运用形式逻辑等的法则去分析事物，就不能够认识事物的真相，不能够建立正确的命题。关於各种逻辑的优劣，后面还有机会说到，现在暂且带住。

上章说过，命题往往不能即用它来作标题，那么，标题应当在什么时候决定？决定的时候应当注意些什么？这两个小问题，也须给以解决的。我们认为在这里给以解决较为便利。

---

① 原文如此。——编者注。

标题应在命题建立后即行拟定

标题应当在什么时候拟定呢？本来，等到文章写好再来拟定标题，也没有什么不可以的。但是，根据下面的两个理由，我们认为，建立了命题之后即把标题拟定，较为适当，宁可待后来发现不好的时候再行修改。理由是：

第一，标题虽然因为性质上必须"动人"，可以不和论辩文的命题一致，但是它毕竟是用来标示论文的东西，所以必须能够显示出论文的中心思想方好。因为这个缘故，作者就必须以命题为中心去拟定标题。假如你在建立命题之后，乘命题所表现的客观现实完整地印在脑里的时候，马上就把它拟定，必较他时更易拟得适当。

第二，标题为要"动人"，就必须含有引起读者兴趣的成分。这种兴趣，必须在文章中给予兑现，不然就要使读者读后失望，文章反而会得到相反的效果。可是兴趣这东西是决定於读者的教养及其所处的环境的：同是一种说话，甲觉得有趣，乙或许不会觉得有趣；在某一环境觉得有趣，另一环境或许不会觉得有趣；并且，感到兴趣也有种种原因，有时因为满足了读者的好奇心，有时因为满足了知识欲，有时因为解决了迫切的问题……因此，假如你在建立命题之后马上把它拟定，它对於你后来选择材料和写定文章等一定可以给你许多帮助，时时在提醒你在文章里给读者兑现。

拟定标题的几点注意

关於标题的拟定，有几点应当注意：

一要简短。标题不可冗长，冗长便散漫无力，使读者的注意力不易集中，但也不可简短到妨害明晰。有时文章内容复杂，或另有其他必要，不能以简短标题显示，宁可做成副题附在标题后面。副题做得好，还可以增加吸引读者的力量。

二要含蓄。即是不可一语说尽，使读者觉得无须再看论文。命题所以不适用於标题，这也是一个原因。

三要明晰。假如标题拟得糊涂，势必不能给与读者深刻印象，集中他的注意，引起他的兴趣；甚至使他觉得莫明其妙，一发不来读了。

四要适时。文章内容，固须适合时代要求，不然就不能罗致广大的读者。标题尤须尽量抓住这一点。

五要庄严。论辩文和其他文章不同，是堂堂正正地来说服读者的；如果标题过於轻薄、幽默，却可以减少读者对於问题的庄严的态度。所以在不损害兴趣的范围内，务须尽量朴素。

最后，关於被动做论辩文的，即论题为别人所指定的场合，还得略说几句。这样的论辩文，最好是不做。但在不得已而做的时候，第一步的准备功夫还是不可少的。这时候的准备功夫，和自动地做论的时候略有不同。

被限定题目时候的准备功夫

因为题目是别人所指定的，所以第一步就须把题目的意思弄清楚。意思弄清楚了，第二步就可以开始分析的功夫。这种分析，表面看来好像是"分析题目"，但是实际上还是分析题目所包含的内容——即题目所指示的客观事物及其关系。所以，分析的方法及其应当注意的地方和前面所述的没有两样。这种分析的目的在於找寻论题的要点。要点找得之后，便可根据它来建立命题，这是第三步。从整个过程看来，这场合的准备功夫与前面所述的不同之点，只在於分析客观现实之前，须把所规定的题目的意思弄清楚，和命题建立之后不须另拟标题罢了。所以，我们把它看作"建立命题"的一种变例，附述在这里。

第二节 怎样搜集材料

命题建立之后，我们就可以进行第二个步骤的准备功夫——"搜集材料"了。这步功夫，有人称为"搜集证据"，这却不大妥当，因为所搜集的往往比喻的材料也有，说明的材料也有，并不限於证据，故用"材料"两字。

这段功夫，理论上可以分为三个步骤：第一步骤是搜集，第二步骤是选择，第三步骤是整理。普通的作文法也是这样说的，例如汪倜然先生的《论辩文作法》，就把这段工作分为①搜集材料、②选择材料和③支配材料。然而实际上并不是这样呆板，也不必这样呆板。如果依照我们的办法，经过了建立命题的工作，那时候，对于所要写的论辩文的轮廓间架已有了相当的把握，很可以在搜集材料的时候，同时加以选择工作。既有成竹在胸，材料是否合用，在阅读、检查时候已可明白，不合用的自然不须浪费时间把它记录下来。而且那时候，我们可以根据自己所把握的轮廓间架，分门别类地去记录，事实上也不会把各种用途不同的材料杂乱地记在一处。所以，这三种步骤在实际上是没有截然的分界的。假如你牢牢地把论文的轮廓放在念头，养成这种习惯——即搜集的时候同时进行选择和整理，就可以节省许多时间、精力，并且写作的时候也不至不注意地阑入不重要的材料，使文章散漫无力。

什么是论辩文的材料

什么是论辩文的材料？这里必先规定。论辩文的材料有种种：

它有时是一种理论就是一种材料；同时旧经济学的恐慌理论，在它不能说明现在日趋深刻的恐慌这一点上，也可以用来做反面的材料。

有时候它是一种事实，例如做一篇"米价应当抑平"的论文，目前各地米价暴涨以及米谷囤积等等的情形，都是材料。

有时它是某些人的言论或行动，例如林语堂、楚容、吴容、大野、胡风诸氏关於小品文的言论，以及"比赛风筝""比赛脚踏车"等等行为，春天氏就在《〈人间世〉论争的总的总结》那篇文章中用它们作材料。

它有时也可是一句格言，一句俗谚，一个故事，一个譬喻，一首诗歌，一张广告，一个统计表，等等。

总而言之，凡是可以用来说明和论证命题的，都可成为论辩文的材料。正如医生治病，无论是参蓍术草也好，是"牛溲马勃"也好，只要配合适宜，炮制得法，都是最好的药物。

材料的种类是非常之多的，然而普通都依材料的来源把它分三大类，即是：①书报，②征询，③经验和思考。这也可以说是由我们征集材料的路径来分类的。

第一类——书报。凡是①书籍，②杂志，③报章，④文件，以及⑤图表统计等等，都属於这一类。

第二类——征询。凡是自己不明白，由请教别人而得来的材料，都属於这一类，不管所请教的是普通人或是专门学者和名人，也不管是用口头答覆或用书面说明。

第三类——经验和思考。凡是由自己所见闻的事物或思考而得的事理等，都属於这一类。本来，严格地说，由阅读书报或征询别人而得的材料，也是经过自己的见闻，同时多少要运用思维的。不过，书报有广泛的客观的存在，征询是临时特意地去请教，故便宜上把它们各自另立一类。因此，这里所谓"经验"，大体上是指作者平素所见闻以及由研究、考证、实验等所获得的东西而言；所谓思考，则指临时运用思维而获得的东西而言。

搜集材料应当注意来源的性质

搜集材料的困难，不在於找寻来源，而在於明了来源的性质。

拿书籍来说吧。一部书有一部书的著者的立场，著者既是一个生活在社会里面的活人，就必然要有意无意地为他的时代环境所限制，为他所属的社会集团的利害所影响，形成他个人的立场。因此，他的著作，也就必然地要带上一种时代的、党派的色彩。假如我们不先明白著者的背景及其立场，而贸贸然"一视同仁"地把他们的说话引用在一起，那就不免要发生混乱的毛病了。对於所征询的学者、名人等，也应当加以同一的注意。

再拿报章来说吧。各种报章，大都是代表着一种集团或党派在说话的，不但社论、时评如此，就是消息记载也是如此。有些报章以纯粹站在营业的立场为标榜，声明无党无派，然而因为它是"营业"於有集团、党派等存在的社会，结局还是不免於或多或少地各受着某些集团、党派的支配、影响。它所依据以获得材料的各种大通信社，根本就没有无背景的。杂志之类也不是例外的。不但著者的立场必须注意，就是时代的先后也须注意；如果不问时代的先后杂然拉在一起，一定会使自己的论证露出破绽。胡适之先生曾经在《国语文法概论》批评刘复先生证明"我、吾、余、予"四字的用法"完全相同"之不正确，说：

第二个毛病更大了。刘先生举的例，上起《论语》，下至韩愈、欧阳修，共占一千五百年的时间！他不问时代的区别，只求合於通则的"例"，这是绝大的错误。这一千五百年中间，中国文法也不知经过了多少大变迁。……

——《胡适文存》卷三，六三至六四页

如果不问材料来源的性质如何，拉杂引用，不但使理论发生毛病，同时也使文章失去统一，明人陈于陛曾有几句论文的话，不啻为这种毛病的写照：

作文不必论奇古，须自成一家意见，读之首尾成章不逗漏，便是好文，且可观其人之行事功业受用。今人但务新奇剽窃，全无由衷真的之见。余譬之：如常人衣布袍，犹是好衣；若以绫罗等割裁补缀，其值虽贵，终非完衣。如贫家食菽粟，尚是好食；若乞儿从墦间乞得，酒肉虽多，终鄙贱可耻也。

——见一九三四，六，十三《自由谈》，殊先生：《读〈皇明百家小说〉杂记引》

要明白各种材料来源的性质,不是简单容易的事体,也不是一朝一夕可以做得到的。要在作者平日阅读书报、应人接物随处留心①,积蓄关於这方面的知识、涵养、辨别的能力。在搜集材料的时候,假如平素所得的知识还不够应用,那就只好凭着自己的眼光,审慎地从材料本身去分析、去辨别,看看它们所包含的意义是不是合用,以定去取。若不加以这样的注意,则辛辛苦苦搜集得来的材料就不能成为有力的证据,甚且反而成为"借寇兵赍盗粮",求益反损。

比方说,有人要做一宗"宗教应该反对"的论文,主要是因为宗教是民众的鸦片,因为它麻醉民众,助长他们的迷信,使他们忘却为生存而奋斗。在这篇论文中,宗教这个名词势必须加解释。假如作者在下定义的时候,却去采用宗教家或旧派学者的定义,那么,他就无论怎样地举出宗教的种种毒害,如宣教师们怎样地替帝国主义做侵略的帮手,怎样地重利盘剥农民,怎样地垄断文化等等真凭实据来,然而结果只能说是宗教的

---

① 原文如此。——编者注。

偶有的流弊、宣教师们的个人的罪恶罢了。一句话说就是：减轻了证据的效果，替论敌留下一条出路。假定他说"外人传不好，我们自己独立来布教好了，宣教师的不好，不是宗教本身应当负责的"，你就没有话说了。所以，必得从宗教的麻醉民众的本质来下它的定义，才能证明它的传播在客观上必然帮助了帝国主义，等等。

选择证据应当注意的几点

其次，说明选择材料。论辩文的各种材料，都须经过审慎的选择。就中，对於用来做证明的证据的材料，尤须加倍注意。下面是应当注意的几点：

第一，证据必须确实可靠。所谓"确实可靠"，是这样的意思，即：

（一）必须有明白的出处。例如确是见诸某书某报之类。

（二）必须出处的本身是可靠的。例如《周礼》是一部伪书，它本身就不可靠。若用它所记载的说话来证明周朝的制度，就没有效用。但是，现在已经明白它是汉朝人的著作，若用它来证明汉朝人关於政制的理想，即是很可靠的。因此：

（三）可靠与不可靠之分，就不完全在於材料本身，而在於材料与论辩文的命题的关系了。诸子中的"托古改制"的文字，若据以证明古代社会的情形，必须慎重注意：假如已经有考古学上的证实，自然不在此例；若用以证明著者的理想，则是确实可靠的——假如已经证明是后人窜入的，则当作别论。

（四）至於前述关於来源的性质，也可以说是从来源与命题的关系上来检查材料是否可靠的一种步骤。

（五）照普通的说法，公家所发表的文件要比普通的报章可靠些，专门学者的说话要比普通人的话可靠些；然而专门学者往往各有他的偏倚的地方，公家文件也往往会带些宣传特种政策的作用，关於某种问题，有时反而比报章和普通人的说话不可靠，是不能够无条件地信赖的。所以，证据是否确实可靠，还是必须就它们的来源及其本身的性质与所要证明的命题之相互间的关系，经过一番批判的考察，才能决定。

第二，证据必须是最进步、最合理的。客观的事物是不断发展的，因此，不但客观事物本身日新月异，就是反映着客观事物及其关系的理论、学说也时时跟着发展。比方说，无线电初发明的时候，只能用来通报消息，现在已经可以用来谈话、播音，据说播送影戏也已有可能，或许不久人们就可以坐在自家屋里来赏鉴无线电播影了。比方说，因为资本主义的烂熟，旧时的恐慌理论现在已经不能解说不久以前世界大恐慌的现象了。要说明它，只有采用新的经济学的恐慌理论。如果我们搜集证据的材料不从事物及关于事物的理论的发展上去选择其最进步、最合理的，就经不起人家一驳，那样的证据怎能支持自己的议论？

这里应该注意的是：人们的思想，就它的过程来说，最后的不一定就是最进步的。人们的思想，大体上虽则是逐渐进步的，然而开倒车的也有，我们已经看过"五四"时代的新思想家不少没落了下去。引用人家的话，必须格外注意。比方说，从前提倡白话文的人，现在有些开倒车了，假如你不注意，还把他从前的话引来做拥护白话文的材料，论敌就可以根据他现在的言论来证明白话文已经试验失败，所以提倡白话文的某某已经不再那样主张了。虽然白话文本身不会因某某的开倒车而站不住,然而你的引用却是失败了,因为读者容易因论敌的说话而起动摇。假如你所引用的某某从前说过的话是用来证明他在开倒车,那是很有用的材料;可见,那种人的说话并不是不可引用,不过,你须知道他前后说话的不同,才不至失败。

第三,证据必须能够代表事物的本质。例如在中国社会史论战中,有人举出海关报告中汽船进出的数字超过航船,去证明中国已是资本主义社会了,那是错误的。因为它不但举一漏百,不经海关记录的不在[①],而是它只限于交通的工具方面,不足以代表中国的生产方法的。

第四,证据必须能够感动读者。论辩文的主要目的,在於使读者明白我的主张正确,或别人的主张不正确。要得到这样的效果,主要要靠仗推理正确,证据确实。然而,假如作者举出的证据读者不能充分了解,或了解而不能觉得亲切有味,他就不会受感动了。那样的

---

① 原文如此。——编者注。

证据虽然确实，但对於读者还是徒然。那么，怎样的证据才能使读者感动呢？①证据必须为读者所习知；②必须为读者所崇信；③必须为读者所感到兴趣。

例如，假定要证明"事物的发展是由量到质的"这个命题，要是写给学自然科学的学生读的，最好多引物理、化学上的证据；要是写给学社会科学的学生读的，最好多引社会学、经济学上的证据；要是写给一般人读的，最好多引日常生活上的证据。如果有两个证据，内容相同或者相似而说话的人不同，我们必须采用读者所崇信的人的说话。又，从同一部门中得来的证据，必须引用那些能够使读者感到兴趣的。至於叙述证据的文字，务须通俗易懂、流畅多姿，这也是使读者感动之一法。因为这不完全属於选择上的问题，不须在这里详说。

材料应当记录下来

材料既经找到，如果认为合用，就当随时把它记录下来，以便编定纲要时应用。由书报之类找到的材料，如果原物属於自己所有，自然可以只记下材料的标题及其出处的章节、页数或年月、版数等等，待到写作时再去检出原文；如果原物不属於自己所有，即须随时抄录下来。关於征询，大都也非随时记录不可。就是由自己的经验或思考而得的材料，也应当随时记下，省得到了写作的时候把它忘记，或记忆不完全而失真。事实上，材料是必须记录的占着多数。因此，我们主张初学的人，索性把所找到的材料通通记录下来，因为这样做有种种好处：

第一，经过一番抄写，即等於把材料再行思考一次，可以使别择更精细。有些材料，初看好像可用，及至细细一想，就发见它不合用，做过论辩文的人大都有这样的经验。如果等到写作才发见它不合用，要是这种材料是万不可缺少的，那就要重新去找，就费事了。同时，经过一番抄录，对於它们的价值更加明了，在配置材料时可以省却许多权衡的功夫。

第二，可以节省编定纲要和写作时翻书的时间。

第三，写作时翻书不但耽搁时间，并且妨害写作的思路，易使文气停滞。何况还有上述的临时发见不能适用的可能呢！如果在材料选定时即把它记录下来，就可避免此弊。

第四，文章做完之后，把它保存起来，他日还有用处。

第五，在抄录中，往往可以因联想作用而发见某种新的意思为看书时不易想到的。

记录材料应守的规则

关於记录材料，有若干应守的规则，普通的作文法及论文法的书都有说到。现在酌取几条，介绍如下：

（一）用面积相等的活页纸片。记录所用的纸片，必须面积大小相等，为的是整齐美观及便於保存；必须活页，为的是将来编定纲要时分类排列可以自由移动。纸张大小适中为度，太大废纸，且不便收藏，太小不够用，也易遗失。因为论辩文用的记录与辩论或演说用的不同，无须握在手里，因此不妨大一点。如果所记录的是较大的图表统计之类，可用更大的纸片，但须折叠起来使和用纸的面积相等，方不至磨损撕裂。

（二）每张纸片只记录一件材料。各件材料须单独记录，使编定纲要时便于配置排列。就是两种关系很密切的材料，到了使用的时候未必用在一处，即用在一处也未必照着记录的次序。假如一件材料一张纸片写不完时，可以再用一张接写，唯须列明号码，与上张同成一组。

（三）每张纸片只写一面。这也是便于配置排列，其用意和上条相同。

（四）记录一件材料必须完全。所谓完全，不是说形式的完全，而是所采收的材料完全，足以作为一个证据。普通只须把材料的大意记录下来，这可采用"提要笔记"的方法。有时关于理论的材料，引用原文更可显示有力，这时候可采用"节录笔记"的方法，把原文节抄下来。

（五）所记录的材料若系用于驳论，须在纸片上方写明所驳的原论。所驳的原论不必抄录全文，只把它缩成一句足以代表原文的语句就够。在并无原论而为作者所虚拟时，即所谓"我先预算到将有某种某种非难而一一驳斥之"的时候，也须拟定一句足以表现那种可有的非难的语句，写在纸片上方。这种办法，是预防将来不明白材料的用途的。

（六）每件材料都应记明标题於纸片的上方。标题须能切合地概括材料的内容，才便於分类排列。

（七）每件材料，应於下方记明出处。例如某书第几页，某杂志第几期，某报的年月日，某人的谈话及其时日、地点，自己经验的地点及其时日，等等。形式略如下图：

	标题	
○ ○	正文	
著者	书名	页数

	标题	
○ ○	正文	
杂志名	期数	页数

	标题		
○ ○	正文		
	谈话者	地点	时日

	标题
○ ○	正文
	见闻的地点和时日

材料的整理及配置

经过搜集、选择而记录下来的材料,还须经过相当的整理及配置。如果采用上述的分析现实以建立命题的方法,则在命题建立之后,早已有一个大体的结构在脑子里了。我们上面也尝说过,只要把那个结构记录下来，就可以为搜集和选择材料的指南针，同时也可为整理和配置材料的基准。所以，到了整理和配置这步功夫，也就不那么费事了。

所谓"整理"，就是把材料归类，或相似的材料无须多用的时候，把它们合并为一件。尤其是统计这种材料，或须合并使成为一个整齐完备的统计表，或须把单位和名称等更改换算使读者易於比较，或须算出其百分率使读者一目了然，明白它所表现的事物的趋向，等等。这些都是整理的功夫，大都等到记录之后才做的。因为整理统计的功夫颇不简单，一有错误，有时可以动摇论旨，自非细心不可；并且在记录时同时并做，也容易使精神不集中，把数字抄错。

所谓"配置"，就是把它们分属於论辩文的各段各节，尤其是把属於同段同节的材料排列出先后次序，使它们脉络连贯成为有机的联系。在这里，必须遵守一个原则，即是：依照材料的证据价值之大小按次排列，价值愈大者愈排在后面。这样，就可以"引人入胜"，使读者逐层读去，注意渐次增加起来。

第三节　怎样编定纲要

论辩文的预备工作，做完了第二段落[①]最后一步——整理和配置——之后，就可以着手去编定纲要了。

纲要的意义

有人说："搜集材料好比是造房子备砖瓦木料，编纲要就是打图样，预备开工了。定了这个图样，我们所有的材料要如何运用就有了准则，动工的时候只须按照计划把砖瓦木料装进去就是。"（汪佩然：《论辩文作法》，一三四页）有人说："用行路来作譬喻，辩辞所欲达到的结论，便是路程的目的地，要略（即纲要——编者）便是指示路程的一幅地图，论证应如何进行，全靠要略指示。"（费培杰译：《辩论术之实习与学理》，一一二页）这两种说法，主要是对於怎样运用证据去写成"立论的论辩文"方面说的。

---

① 指第二节。——编者注。

其实，论辩文的主要目的在於说服人家使他信从自己。"驳论的论辩文"不消说，就是立论的论辩文，也暗暗地预期着有论敌存在。就是说，无论哪一种类的论辩文，都处於论战的形势。所以论辩文的纲要不仅是一个详细的"图样"，是一幅明晰的"地图"，而且必须是一个严密的"作战计划"。作战必须有严密、灵动的计划，然后进可以战，退可以守，"守如处女，出如脱兔"，缓急相卫，首尾相应。论辩文的纲要也要这样地严密而灵动的。因此，纲要在论辩文的写作是很重要的——长篇论文尤其如此。同时，因为这种纲要的编定须统筹全局、决定战略，故与整理和配置材料的工作不同，反是整理和配置材料要以纲要的前身——即前面所述的在建立命题时所记录下来的要领——为基准。

论辩文既带有作战（论战）的性质，故在编定纲要时必须有严密的策略——准备怎样进攻，怎样应战。然而策略这种东西不但要严密，而且要具体。能"知彼知己"，才能"百战百胜"。而彼与己的力量常因周围的情势而百变，势不能抽象地定出一种刻版的"包医百病的万金油"似的方式；必须依照命题、读者、论敌以及当时的情形具体地去规定,才能真是具体的。所以,这里所要说的只是几条必须注意的共通的原则。

编定纲要应注意的原则

第一,纲要的组织就是将来的论辩文的骨干,所以必须依照论辩文的常态的形式分为三部分,即"绪论"、"正文"和"结论"。绪论部分应该简短,以能达到明晰地提出命题为度。正文部分为论辩文的命脉所在,命题之能否正确地成立,全靠这一部分来给它证明,故在全文中占有最大的篇幅,而逻辑的适用也主要在这部分。结论比绪论还该短些,只要结出论旨就够。

第二,绪论里面须把问题之所在及其要领说出,换句话说,就是说出命题及其要点。因为纲要是作者自己用的,所以文字可以尽量简单,但不可使后来看不懂。又因为绪论须引起读者的兴趣,帮助读者去理解本文,若有许多同类的材料时,应当尽可能地把带有这种性质的材料编入。其他关於问题的缘起、历史、定义以及范围等等的材料,非有必要,宁可从略。在做驳论的论辩文时，作者也须把自己的命题在绪论中提出来，与论敌原来的命题对立。

第三，正文里面必须把绪论中所提出的要领，一一用确实可靠的材料（证据）给与证明，并且按照逻辑的秩序或逐层推进的次序，用理由的形式排列起来。每一要领所属的项目在各要领中也须同样地排列。

第四，结论必须把正文里的主要理由总括起来，并且要下一句最终的断语（肯定或否定）；断语的字句须与命题的字句丝毫不差。

第五，驳论应当插入於适宜的地方，不拘绪论、正文或结论都无不可。①在立论的论辩文里，有时对於已有或可有的相反的见解，为要加强自己的立论起见，必须予以驳斥或预行驳斥，这就叫"驳论"。我们搜集负的（相反的）材料，就是预备在驳论中用的。

第六，驳论的论辩文，最好找出论敌的根本的中心命题，而给以驳斥。假如原文芜杂，没有一个中心思想时，则可归纳为几个命题而一一给与驳斥。逐段驳法是

---

① 原文如此。——编者注。

最下的、最不经济的战略。（但以"嬉笑怒骂"的文字写出来，有时也可引起读者兴趣而收得良好的效果。张若英编的《中国新文学运动史资料》中所收的刘复那篇《覆王敬轩书》，就是一个最好的例。）"有时奇兵突出"，不驳论敌的主张，只去驳斥他的立论的根本立场和方法，虽不能说是上乘，但也能收奇效。例如徐志摩的《守旧与"玩"旧》那篇文章（见《中国新文学运动史资料》，二四六至二五三页），就是用这种方法去驳斥孤桐的。因为怪有趣，所以不惮辞费，破例引一段在这里：

> 孤桐这回还有顶谨慎地捧出他的"大道"的字样来做他文章的后镇——"大道之忧，孰甚於是？"但是这回我自认我对於孤桐，不仅他的大道，并且他思想的基本态度，根本的失望了！而且这失望在我是一种深刻的幻灭的苦痛：美丽的安琪儿的腿，这样看来，原来是泥做的！请看下文。
>
> 我举发孤桐先生思想上没有基本信念。我再重复我上面引语加圈的几句："……兹信念者亦期於

有而已,固不必持绝对之念,本逻辑之律,以绳其为善为恶,或衷於理否也。"所有唯心主义或理想主义的力量与灵感,就在肯定它那基本信念的绝对性;历史上所有殉道殉教殉主义的往例,无非那几个个人在确信他们那信仰的绝对性的真切与热奋中,他们的考量便完全超轶了小己的利益观念,欣欣地为他们各人心目中特定的"恋爱"上十字架、进火焰、登断头台、服毒剂、尝刀锋,假如他们——不论是耶稣,是圣保罗,是贞德、勃罗诺、罗兰夫人,或是甚至苏格腊底斯——假如他们各个人当初曾经有刹那间曾悟到孤桐的达观:"固不必持绝对之念。"那在他们就等於彻底的怀疑,如何还能有勇气来完成他们各人的使命?

但孤桐已经自认他只是一个"实际政家";他的职司,用他自己的辞令,是在"操剥复之机、妙调和之用",这来我们其实"又何能深怪"?上当的是我们自己。"我的腿是泥塑的",安琪儿自己在那里说,本来用不着我们去发见。一个"实际政家"往往就是一个"投机政家",正因他所见的只是当时与暂时的利害，在他的口里与笔下，一切主义与原则都失却了根本的与绝对的意义与价值，却只是为某种特定作用而姑妄言之的一套，背后本来没有什么思想的诚实，面前也没有什么理想的光彩。"作者手里的题目"，阿诺尔德说，"如其没有贯彻他的，他一定做不好：谁要不能独立地运思，他就不会被一个题目所贯彻"。如今在孤桐的文章里，我们凭良心说，能否寻出些微"贯彻"的痕迹，能否发见些微思想的独立？"（点是编者加的）

总而言之，驳论的论辩文最好是用作者自己的命题与论敌的对立——因明论叫它作"立量破"，即积极地用自己的正确的知识（量）去破的——只去揭发人家的破绽因明论叫它作"显过破"，即消极地去揭破人家理论的缺点，总不能算是上乘，因为不能指给读者一条出路。

第七，答辩的论辩文，必须逐点答覆，同时必须重申己意。

第八，在同时批评或驳斥几篇类似的或同一倾向的论文，或批评一个论争的时候，必须综合它们的类似点或共同点，作为对方的命题而给以批评或驳斥。对於几篇驳难的文章作答覆时，最好也采用这样的方法。要不这样做，就不必用一篇论辩文来作答了。这种论辩文的好处在於：①把错综的言论归纳为几点来批判，可以节省篇幅；同时，②可以增加读者的兴趣。若像放"烟火"似的一架一架地放出，彼此没有联络，就要使读者厌倦不读下去，即读下去也不容易抓到中心。

第九，纲要里的文句，须用完全文句。纲要虽则是论辩文的提纲挈领的骨干，但里面所用的句子必须完全，不可任意省略，以几个字代表一句完全的话。同时，所用的文句必须能够表现出一段或一节的主要意思。不然的话，必至要弄到写作时不知那段那节该说些什么，或把主要的意思忽略了。例如做"中国民众应该武装抗日"这篇论，其中有一个句子是"武装抗日是实际上做得到的"，在纲要里就应该照写，不可只写"实际上办得到"。

第十，纲要里的各个句子（或小标题）相互的关系须用符号（如数字、干支字等）和抬头方法表示出来。

例如：

> 迷信应该破除，因为：
>
> 壹、……………………………，因为
>
> 　一、……………………………，因为
>
> 　　甲、……………………………，因为
>
> 　　　（子）……………………………，因为
>
> 　　　　（壹）……………………………，因为
>
> 　　　　　（一）……………………………，因为
>
> 　　　　　　（甲）……………………………，因为
>
> 　　　　　　（乙）……………………………
>
> 　二、……………………………，因为
>
> 　　甲、……………………………，因为
>
> 　　乙、……………………………，因为
>
> 贰、……………………………，因为
>
> 　一、……………………………，因为
>
> 　　……………………………，因为
>
> 　二、……………………………，因为
>
> 　　……………………………

现在从费培杰先生译的《辩论术之实习与学理》

（一四七至一五一页）引用一个正面的实例，再从汪倜然先生的《论辩文作法》引用一个反面的实例，以供参考：

正面的例

题目：美国中央政府应该征收所得税。

引论

壹、近来所得税的问题大为社会所注意：

一、前不久有人提议修改宪法，改入这种税。

二、所提议的修改案，已引起国人讨论这个问题。

三、许多名人对於这个问题已经发表意见。

贰、本题所用的定义如下：

　　所得税是在个人每年的收入上征收的税，其税率随收入的多少为增减。

叁、正反两面的争点如下：

赞成采用所得税制的人有以下的主张：

一、所得税是必要的。

二、所得税是确能实行的。

三、所得税在理论上是对的。

反对采行所得税制的人有以下的主张：

一、所得税不是必要的。

二、所得税是确不能实行的。

三、所得税在理论上是不对的。

肆、两面意见冲突，生出以下几个要领：

一、所得税是不是必要的？

二、所得税是不是确能实行的？

三、所得税在理论上是不是对的？

证明

壹、所得税是必要的，因为：

备国家的急需，必须征收所得税，因为：

甲、遇有战争的时候，关税（Customs duties）不是停止，便是大受损失；若没有所得税为后盾，政府的入款便没有出处。（《奥特路克杂志》第九四号，二一七页，美国上院议员布壤君文）

乙、纽约行政长侯福氏以为中央政府应操征收所得税的权，以做应付国家急需的准备。（《奥特路克杂志》第九四号，一百页）

丙、（驳论）有人说，国家一切需用都可由其他各种赋税拨充，所以不必征收所得税。这个说法是不对的，因为：

假设与大商业国战争，入口税便自然要大大减少或完全停止。此时国家的需用浩大，从何处得来？（《奥特路克杂志》第九四号，二一七页，大理院审判官哈尔兰对於波罗克案所发表的意见）

贰、所得税是确能实行的，因为：

由过去的经验看来，知道是可以实行的，因为：

甲、美国一八六一年内争的时候，政府需款孔急，曾用这个法子征集巨款。（《奥特路克杂志》第九四号，二一六页，布壤君文）

乙、英国和意大利国采行所得税，成绩昭著。

"实行所得税制，在经济上、生产上都获利益。实行愈久，愈把它的好处看出。"（威斯康新大学经济学教授爱里先生所著的《经济学概论》，第六三五页）

叁、所得税在理论上是对的，因为：

一、征税的多少，是按各人纳税的能力为标准，因为：

  甲、贫穷人没有进款，便无须纳税；有钱人有纳税的能力，才要他纳税。（《奥特路克杂志》第八五号，六〇四页，波士特君文）

二、每人自己担负自己一个人的税金，因为：

  甲、以每人的收入为标准，去决定每人纳税的能力的高低，其法至善。所得税所根据的就是这个方法。（爱里先生《经济学概论》，第六三五页）

  乙、职业界里有些人的财产是看不见的。照现行的法律收税，他们便逃脱了税。若行所得税制，便都逃不掉了。（《奥特路克杂志》第八五号，六九四页）

结论

壹　别的入款支绌的时候，要想备国家的急需，既然是必须征收所得税；

贰　由过去的经验看来，所得税既然是确能实行的；

叁　所得税按个人纳税的能力为标准以定税额，在理论上既然是对的；

所以美国中央政府应该征收所得税。

反面的例

题目：《诸子不出於王官论》。

绪论

壹、今之治诸子学者，皆主九流出於王官之说。

贰、此说关於诸子学说之根据，不可不辨也。

叁、此说始见《汉书·艺文志》[①]，盖本於刘歆《七略》。

肆、此说皆属汉儒附会揣测之辞，其言全无凭据。今试论此说之谬，分四端言之：

一、刘歆以前之论周末诸子学派者，皆无此说也；

二、九流无出於王官之理也；

三、《艺文志》所分九流，乃汉儒陋说，未得诸家派别之实也；

四、章太炎先生之说亦不能成立。

---

① 原书以下简称《艺文志》。——编者注。

证明

壹、刘歆以前之论诸子学派者,皆无此说也,盖:

一、古之论诸子学说者,莫备於下列四书,而此四书皆无出於王官之说:

　　甲、《庄子·天下篇》;

　　乙、《荀子·非十二子篇》;

　　丙、《司马谈·论六家要旨》;

　　丁、《淮南子·要略》。

二、《淮南子·要略》专论诸家学说所自出,以为诸子学皆起於救世之弊。

贰、九流无出於王官之理,盖:

一、儒家非出於司徒之官,盖:

　　甲、儒家之六籍,多非司徒之官所能梦见;

　　乙、儒家之所设教,非司徒之官所掌之邦教。

二、墨家非出於清庙之守,盖:

　　甲、"墨"名家,其学仪态万方,岂清庙之守所能产生;

　　乙、《七略》之言,无一不谬,盖:

　　　　(子)墨家贵俭,与"茅屋采椽"何关?

（丑）"养三老五更"，尤不足以尽兼爱；

　　（寅）"选士大射"，岂属清庙之守？

　　（卯）墨家爱无差等，何得"宗祀严父"？

　　（辰）墨家主"非命"，若顺四时而行，适成有命之说，更何"非命"之可言？

　　（巳）墨家"上同"之说，乃一同天下，非"以孝视天下"也。

三、纵横家非出於行人之官，盖：

　甲、"行人"是官守；

　乙、"纵横"是政术。

叁、《艺文志》所分九流，乃汉儒陋说，未得诸家派别之实也，盖：

一、古无九流之目，《艺文志》强为之分别，其说多支离无据，盖：

　甲、晏子岂可在儒家？

　乙、管子岂可在道家？

　丙、管子在道家，韩非又安可属法家？

　丁、其最谬者，莫如论名家，盖：

　　（子）古无"名家"之名；

（丑）凡一家之家，无不有其为学之方术，此方术即"名学"；

　　（寅）汉儒固陋，不明诸家为学之方术，於是凡"苛察缴绕"之言，概谓之"名家"，刘歆、班固承其谬说。

二、先秦显学，本只有儒、道、墨三家。

肆、章太炎先生之说亦不能成立，盖：

一、其言破碎不完全，盖：

　甲、引《艺文志》之说而以为"此诸子出於王官之证"，此不成论证；

　乙、称老聃为柱下史、为征藏史，以为道家出於史官，此不成论证；

　丙、"墨家先有史佚，为成王师，其后墨翟亦受学於史角"之说亦不成立，盖：

　　（子）史佚之书今无考，其名但见《艺文志》；

　　（丑）墨翟之学之史角，不足以为出於王官之证，盖：

　　　孔子所师事者尤众。

　　（寅）史佚、史角既非清庙之守，则《艺文

志》墨家出於清庙之守说亦不能成立。

丁、太炎先生自知其为无征验，盖：

又云："其他虽无征验，而大抵出於王官。"

二、"古之学者多出於王官"之说不足证诸子之出於王官，盖：

甲、古代之王官定无学术可言，盖：

（子）《周礼》伪书本不足据；

（丑）王官之所谓"教"，必不外乎典祀卜筮之文，礼乐御射之末，与诸子学术大异。

乙、诸子之学即能与王官并世，亦定不相容，必为焚烧坑杀，盖：

欧洲教会操中教育之权，及文艺复兴，乃焚书杀儒，盖：

（子）哲人为卜鲁诺，乃遭焚杀之惨；

（丑）科学、哲学之书多遭焚毁，笛卡儿自毁其《天地论》。

丙、王官之废绝，实先秦学术之大幸，盖：

教会之失败，实欧洲学术之大幸。

结论

诸子自老聃、孔丘至韩非,皆忧世之乱,应时而生,与王官无涉;

故:诸子不出於王官。

——同文见《胡适文存》[1]

---

[1] 本书第 319~330 页收入了此文全文。——编者注。

第三章 论辩文的写法

论辩文有特有的写法

做完了上一章里所说的几种准备功夫,就可以提起笔来写文章了。这时候,材料已经有了,纲要也编好了,剩下来的工作,只是运用文字,根据纲要把它们变成有血有肉的文章——论辩文。

论辩文既是一种文章,那么,要写得像样,就必须遵循文章的一般的规律。必须遵守文法学上的规则,然后读者能够看懂;必须遵守修辞学上的法则,然后读者能够感动。文法学和修辞学都各有专书,这里不必讲说。

论辩文的性质是偏重推理的,然而要使读者首肯你的推理,往往少不了叙述事物、说明事理、抒写感情的成分。如果不能够把这些成分写得恰好,和文章里的推理相调和配称,还不能够说是一篇良好的论辩文。因此,论辩文的作者就必须具有别的文章的相当理解和素养。[①]论辩文因为偏重推理,遂使它的构造和格调等和别的文章不同。这就要求着许多和别的文章不同的写法,值得相当的研究。应该怎样写才能够获得它所应有的效果,也就成为本章的问题。

普通的论辩文,常分为"绪论"、"正文"和"结论"三个部分。这些部分,对於全篇所负担的任务以及它们所要达到的目的,各不相同。比方说,绪论的任务在引出正文,因而它必须达到"引起读者注意";正文的任务在於证明绪论所提起的命题,使读者首肯,因而必须理路清楚并维持读者继续注意,才算达到目的;结论则总结全文加以断定,其目的在鼓动读者的感情,坚其信仰,直接、间接导至於行动。——这些任务和目的必然地要规定各个部分的特点,翻过来说,就是必须用着不同的写法去完成它们。

---

① 原文如此。——编者注。

第一节　怎样写绪论

绪论须介绍出命题

"绪论"可以说是论辩文的楔子。所谓"楔子",就是指"以物出物"而言。论辩文的绪论,就是用来楔出正文——尤其是楔出正文所要证明的"命题"。因此,绪论就必须把命题,至少把命题的要旨介绍给读者。现在举出几个实例如下:

〖例一〗问曰:"子云神灭,何以知其灭耶?"答曰:"神即形也,形即神也;是以形存则神存,形谢则神灭也。"

——(梁)范缜《神灭论》,见《弘明集》卷九,四页

〖例二〗今之谈文学改良者众矣,记者末学不文,何足以言此?然年来颇於此事再四研思,辅以友朋辩论,其结果所得,颇不无讨论之价值。因综

括所怀见解,列为八事,分别言之,以与当世之留意文学改良者一研究之。

吾以为今日而言文学改良,须从八事入手。八事者何?

一曰,须言之有物。

二曰,不摹仿古人。

三曰,须讲求文法。

四曰,不作无病之呻吟。

五曰,务去烂调套语。

六曰,不用典。

七曰,不讲对仗。

八曰,不避俗字俗语。

——胡适:《文学改良刍议》,见《中国新文学运动史资料》,二七页

〖例三〗无论在什么社会里,人才的升降,乃是一件极可注意的事。社会中有许多事业,每种事业需要许多人才,这是有目共见的事。我们只看每件事都有人做,但是这件事为什么是某甲做,那件

事为什么是某乙做，某丙为什么赋闲数年而一旦得意，某丁为什么历充要职而一朝潦倒，却少有人去做系统的研究，其实这种研究是很重要的，它的结果可以告诉我们，某社会或事业的进化已到什么程度，或腐化已达什么程度。我这篇文章所述的，不过是这类研究的初步。其实不但在仕宦界，即在学术界、经济界以及其他各界，都可用同样的眼光去分析它。

这篇文章的题目，以《西汉遗留下来的几条仕宦之路》为名，有数点须加以解释：

第一，题目之首，冠以"西汉"两字，并下是说这几条仕宦之路是西汉人发明的，不过我所用的材料都是从《前汉书》中取出的，所以我敢说，中国至迟在西汉时，便有这几条仕宦之路。

第二，在"仕宦之路"的上面①，我加以"几条"两字，表示我并没有把西汉一切的仕宦之路都列举在此，不过选出几条来谈谈罢了。

---

① 即今简体字横排版之"左面"。——编者注。

第三，我在题目中，用了"遗留下来的"数字，表示西汉人所走的几条路，据我的观察，现在还有人走的意思。

——吴景超：《西汉遗留下来的几条仕宦之路》，见《生活文选》，二九至三〇页

〖例四〗今日是贵校毛校长与国文部陈主任代表国文部诸君要我演说，我愿意把国文的问题提出来讨论，尤愿意把高等师范学校应当注意哪一种国文的问题提出来讨论。所以预拟了"国文之将来"的题目。

国文的问题，最重要的，就是白话与文言的竞争。我想将来白话派一定占优势的。

——蔡元培：《国文之将来》，见《中国新文学运动史资料》，一三三页

〖例五〗妇女参政这一个问题，到了现在，早已成为世界的大势，不是议论是非的时代了。所以虽在世界上进步最缓的中国，从最近的妇女参政运

动发生以后，反对的论调，在我们耳中，也已经难得听到；但是其中有三种最有力的反对论，就是：①中国现在妇女的实力，能否参政？②中国现在妇女的意志，是否都愿参政？③像中国现在政局的混乱，妇女宜否参与？这三层疑问，我们可以解释之如下。

——章锡琛：《对於中国妇女参政三大疑问的解释》，见《作文法精义引》，一〇二页

〖例六〗从四月中旬到"多难的五月"初头，以小品文杂志《人间世》发表周作人氏的《五十自寿》诗为起点，在林语堂和埜容、吴容、大野、胡风……诸氏间引起了"超幽默"的论战，费去了各报副刊相当的纸面，也费去了我们读者许多时间。这一论战包括一些相当重要的问题，与目前反帝文学运动发展前途颇有直接、间接的关系，但不幸两方面零枪碎戟地混战一场之后，没有充分有秩序地整理其战利品并认识其意义，而大家马马虎虎地把论争"化为一笑，收场大吉"，这样我们的时间和

力量是未免要白费的。

林语堂氏是做过一次总结的,据他说攻击周诗和《人间世》的都无有是处,周诗呢,天下"俗人"们不懂得读法,《人间世》呢,只有"用仿宋字太古雅"是它的缺点。——自然这不是一个正确的结论。为着借这一论战来教育我们自己,我敢以读者的地位,根据报纸上的材料来做一个结论。

——春天:《〈人间世〉论战的总结》。见二三,五,一八,《大晚报》

〖例七〗曼殊室利菩萨好论极微,昔者圣汉闻之而甚乐焉。夫娑婆世界,大至无量由延,而其故乃起於极微。以至娑婆世界中间之一切所有,其故无不一一起於极微。——此其事甚大,非今所得论。今者只借菩萨极微之一言,以观行文之人之心。

——《金圣叹的极征论》,见《人间世》创刊号引

由上面这些引例,我们可以约略知道,论辩文的绪

论是怎样的东西：

例一是采取"对辩"的形式（即"问答体"）的。它在答覆第一个发问中，就把《神灭论》的命题——"形存则神存，形谢则神灭"，直捷了当地介绍给读者，同时并把命题所以建立的根本理由——"神即形也，形即神也"指示出来。这篇文章虽采取对辩的形式，但是它的实质是一篇"立论的论辩文"。

例二也是一篇"立论的论辩文"的绪论。它前半说明作者所以做这篇文章的理由，后半提出命题——"今日而言文学改良，须从八事入手"——并列举正文所要证明的"要领"。

例三自开始至"……都可以用同样的眼光去分析它"，大体说来，也是表示作者所以写这篇文章的理由；但与例二有不同的地方，即是"其实不但在仕宦界，即在学术界……都可用同样的眼光去分析它"云云，表示这篇文的命题虽已把范围缩小，但假如用同样的方法，仍可以适用於更大的范围。自"这篇文章的题目"以下三个"解释"，都是说明命题中用语的涵义，以免误会。又，在这一实例中，虽没有把命题——"西汉遗留下来的几条仕宦之路"是"应当封闭的"——全文提出，但以"现在还有人走"给与读者一种暗示。并且，从整个绪论看来，还指示着作者处理问题的方法。

例四也是"立论的论辩文"的绪论，它指出问题的所在，说"国文的问题，最重要的，就是白话与文言的竞争"，同时即用这一句说话来限定所要讨论的范围，接着就把（国文之）"将来白话派一定占优势的"这个命题提出来，写法颇为经济。

例五照文章的标题看好像是一篇"解释"的文字，其实是一篇"驳论的论辩文"。它的真正的命题是"中国妇女参政的反对论是不能成立的"；后半所列举的"三层疑问"，就是它所要反驳的对象，也即是表示这篇文章的范围和要领。

例六是一篇批判文章的绪论。它的特点在叙述问题的由来，指出这一论战所包含的意义对於目前情况的重要性，并表示作者对於问题的态度，用这来唤起读者的注意。

例七引一往事开始，即借它来指示命题的要旨，并从正面来缩小议论的范围。

由上举七例的分析的结果看来，绪论的内容大抵是：或提出命题，或列举要领，或叙述问题的由来，或指示问题的要点所在，或表明作者对於问题的态度，或明示或暗示地缩小问题的范围，或说明标题乃至命题的用语以及处理问题的方法……。有的单用一种，有的兼用两种以上，初无定规。但是，它们有一个共通点，即是没有一例不是整个地或者部分地把论辩文所要证明的命题提出於读者。由此，可知理论与实例是一致的了。

绪论须引起读者注意

论辩文的绪论，不但须把命题介绍给读者，并且同时必须能够引起读者注意，才能够达到它的目的。如果在绪论中不能够做到这一步，或许读者会"半途而废"，不愿意继续读下去，那么，就使[1]你在下面的正文中有着很有力而明确的证明，也算是白费了。所以，在绪论中务须设法去引起读者注意。

---

[1] 原文如此，当为"即使"之义。——编者注。

怎样才能引起读者注意呢？方法尽有许多，要诀总不外写得动人。第一，要抓住读者的心理；第二，要吸住读者的眼光。普通所用的方法，无一不是依据这一原则而产生的。这里介绍几种如下。

几种引起读者注意的方法

第一，直接说明用意。梁任公说："文章最要令人一望而知其宗旨之所在，才易於动人。如向人借钱，晤面之后，不说来意，先寒暄半天，等人家听的倦了，然后才讲到借钱，不如一会面就说借钱，此较爽快一点。'博士卖驴，书券三纸，不见"驴"字'，人既不知所云，怎能动听？作文时最好将要点一起首便提出，次则早点提出。"例如：

〖例一〗人之性恶，其善者伪也。

——《荀子·性恶篇》

〖例二〗臣闻吏议逐客，窃以为过矣。

——李斯：《谏逐客书》

〖例三〗我主张在新文学运动的热潮里,应有整理国故的一种举动。

——郑振铎:《新文学之建设与国故之新研究》,见《中国新文学运动史资料》,二〇七页

这三个例,都是"开门见山",直捷了当的好例。就是前节所举的例如《神灭论》和《国文之将来》的绪论,虽然较长一点,也是一起首就把自己的主张提出来的。

不过,这样的绪论,也有时不能适用。例如:你要向宗教的信徒宣传无神论的时候,如果一起首便把你的主张赤裸裸地提出来,他们看到这里便会掉头不顾,不看下去了。在这种场合,还是从一般的科学理论缓缓说起,从各方面一步一步地证明,最后才迫到本题上来,使他不知不觉间受着你的文章的影响。

第二,利用故事本身或故事的写法。这种方法会使读者增加兴趣,高高兴兴地去读你的正文。例如:

〖例一〗青年的朋友啊,您想得一位爱人吗?我心里有一个姑娘,愿意介绍给您,可愿意去拜访

她而向她追求吗?她姓自名然,我们称她为自然小姐,假使您还没有爱人的话,您可依照我所指示您的路线去探求她的芳踪。捉着她!投到她的怀抱里去,要她教您如何可以得着她的爱,情愿将她心里的秘密一五一十地泄漏给您。

这是多么够味儿的事呀!浪漫即生命,没有这心灵的跳动,不算是科学生活。

一天到晚沉醉在八股里,充其量,不过是一个科学的书呆子;一年到头冈起头来照样画葫芦地干那刻印板的试验,充其量,不过是一套科学的猴子戏:这里面没有生命,如果是科学,便是蛇儿成龙所脱下的壳子;不是活蛇,尤其不是真龙。您必得和自然小姐发生恋爱,尝一尝其中的甜酸苦辣,才是过着科学的生活。

我现在为您画一条路线吧!

——斋夫:《科学的生活》,见《生活文选》,二八九页

〖例二〗文章繁简工拙之论,自唐、宋平文运

动初起时已有之。《唐宋八家丛话》记：欧阳公在翰林日，与同院出游，有奔马毙犬於道，公曰："试书其事。"同院曰："有犬卧通衢，逸马蹄而死之。"公曰："使子修史，万卷未已也。"曰："内翰以为如何？"曰："逸马杀犬於道。"

这有名的黄犬奔马故事，他见於沈括《梦溪笔谈》；陈善《扪虱新语》，其意大致相同。当时风尚，文人盖以简括为贵。明人主张复古，亦多主简；直到清初文人，始有两可论断——顾亭林云："辞主乎达，不论其为繁与简也；繁之论兴，而文亡矣。"可说是极通达的见解。

近来林语堂先生提倡语录体，批评"今人作白语，恰似古人作四六，一句老实话不肯说出，忧愁则曰心弦的颤动，欣喜则曰快乐的幸福，受劝则曰接受意见，快点则曰加上速度……便是噜哩噜苏，文章不经济"（《论语》二十六期）。噜哩噜苏是"繁"，文章经济是"简"；推林先生之意，白话文的短处在"繁"，语录体的长处在"简"，这样又回复到文章繁简的争辩旧圈子去了……究竟白话文何以常是噜哩噜苏？白话文和文言的不同之点在哪里？语录体是否有提倡之必要？我们应得重新考量一番了。

——曹聚仁：《"白话""文言"新论》，一九三四年四月六日《申报·自由谈》

这里所引的两个例，例一是用故事的笔调来写绪论的。它把"自然"人格化为"自然小姐"，以"爱情"来表现科学研究者与自然的关系，借此调剂正文写科学的枯燥，写来颇为有趣，使读者想看它的下文。例二引一与问题的历史有关的故事说起。——这些都可以增助读者的兴趣，引导他去看下文。不过，这种方法，使用时应当考虑各方面的情形，不能一概而论。

比方说，如例一那样，那篇文章的目的在於引起初学者对於科学生活的兴趣，这样写法自然可以收到引起者读者注意的效果。若在一篇庄严的科学论文，用这种笔调就不配称，反而会使读者觉得无聊。不但此也，引用故事的写法，有时会使读者的注意力大部分被吸引到故事本身上去，结果致注意力不会集中反而分散。故事中所包含的情感与论辩文所期待的情感不调和的时候，也会得到同样的结果。因此，采用这种方法时，必须充分注意文章的统一。可是在小品文的论辩文里，这种方法很有用处，不限於绪论这一部分。例如鲁迅的《现代史》（见《伪自由书》，九四至九六页），全篇都写"变戏法"的故事，写到快完了，才加上一行说"到这里我才记得写错了题目，这真是成了'不死不活'的东西"，作结论来点明本题。在子书中，庄子是最长於运用故事来发挥理论的。

第三，集中论点。汪倜然先生说得好："集中是集中读者的思想；就是指出一条确定的路来，使读者的思想趋於这一条路上。就作者这一方面来说，集中的方法是要将题目的范围缩小，专门去讨论本问题的某一部分，所以预先明白告诉读者，本文所不要论到的是什么，本文所要论到的是什么，以及本人所反对的是什么。"（《论辩文作法》，一七三至一七四页）约而言之，就是指出问题之所在及限定问题的范围。

指出问题之所在，如本节开头的举例中，例四就是最好的例。在这例里，作者用"国文的问题，最重要的，就是白话与文言的竞争"这一句话明白指示出来，读者看到这一句，就会依照作者的指示，急急欲知道在两者的竞争中"将来白话派一定占优势"的所以然了。

关于限定问题的范围的方法，先举出几个例来，然后略加说明：

〖例一〗这说的是心理学上的人格，不是道德上的人格。

——衡哲：《人格与妇女》，见《生活文选》，二三一页

〖例二〗凡说之难非吾知之有以说之难也，又非吾辩之难明吾意之难也，又非吾敢横佚能尽之难也。凡说之难在知所说之心可以吾说当之……

——韩非：《说难》

〖例三〗近来好像有许多作家在讨论着作文。或说要采用语录，或说要走到街头。其实这皆可算唠叨，可有可无的。

重要的在乎思想,即文章的内容。为文章而写文章,大可不必。

——象离:《谈文》,见一九三四年四月一六日《申报·自由谈》

这三个例,都是限定问题的范围的例子。不过,例一是从正面说明自己所要说的"是心理学上的人格,不是道德上的人格",这样地来把问题缩小的。例二则从客观上分出"凡说之难非吾知之有以说之难也"等等,却"在知所说之心而以吾说当之"等等;这样就把问题限定於"说"的真正的"难"处了。例三却和前两例不同,它是以批评的文句把关於文章的技巧方面撇开,留下关於"文章的内容"方面;结果,也一样地达到限定问题的范围的目的。

还有一种方法,是先驳斥别人的错误来引出自己的议论而借以集中读者的注意的。上举《谈文》的绪论,若离开缩小范围来看,也可归入此类。下面这一例更为明显:

〖例四〗现在社会上的一般人士，对於中西文化有两种不同的态度。

一种是妄自夸大，以为中国文化有四千年的历史，欧美后进国是无论如何比不上的。可是你如逼他一句，问他中国文化比欧美各国高在什么地方，他们的答案总是笼统的。这种人最后的护符便是"精神文明"四个大字，他们的信仰是中国的物质文明也许比西洋人不上，但谈到精神文明，中国一定要首屈一指了。

还有一派人的态度恰恰与此相反，他们看不起中国的物质文明，也看不起中国的精神文明。譬如你对他吹中国的精神文明，他不慌不忙地问你："读书识字，是否精神文明？"假如你的答案是肯定的，他会告诉你："中国人读书识字的不到百分之二十；欧美诸强国，读书识字的在百分之九十以上。"你听到这个统计，对於中国的精神文明也许要发生一点疑问。他又会接着问你："中国古时圣人所说的致知格物，是否精神文明？"假如你的答案又是肯定的，他又会告诉你："中国人的知识浅薄，学问真幼稚，本国人不知道本国的人情风俗，如想知道，还得去请教外国人。譬如中国的家庭平均有多少人，金陵大学的卜凯先生有一个说法，康奈尔大学的威尔科克斯先生又有一种说法；而我们本国的人，没有人回答得出来，假如回答出来，也不过是瞎猜，拿不出统计来，拿不出真凭实据来。又如我们中国的东三省现在有多少人？外侨若干？富源如何？现在经济发展如何？——这些问题，中国人恐怕猜也不会猜了；如想得到答案，只有去请教日本人。这类的例，举不胜举，像这样的无识、愚昧，也算是精神文明吗？"所以照第二派的人看来，中国的物质文明固不堪问，精神文明是一塌糊涂。中国的什么都比人不上，都相形见绌。他们对於中国的前途，只有长吁短叹，觉得现在固然落后，将来也无希望可言。

这两种态度都失之过偏：第一种偏在妄自尊大，第二种偏在妄自菲薄。我们的态度与此不同——这种态度，可以称为自觉的态度，又可称为努力的态度。

——吴景超:《中国文明何时可与欧美并驾齐驱》,见《生活文选》,一至二页

读者看到这里,就会觉得作者的"态度"较有理由,自然会提起精神来看下面的论文。

集中论点的具体方面,自然不限於这里所述,例如承认一部分不重要的论点,及把要领写得层次分明之类;然其目的总不离乎集中读者的注意。明白这个道理,就可以自己去创造变通,无须烦琐地多所举例了。这类方法,在处理范围阔大、关系复杂的题目的时候,最为得用。但是,在论战或问题已为一般所习熟的时候,要点的所在读者早已了然,就可以"单刀直入",无须赘累取厌。

第四,对机。梁任公说:"见什么人说什么话,叫作对机。同是一句话,对甲说和对乙说不同,对大学生和对小学生说不同。……所以作文或著书时是为一时还是为永久,是给一部分人看给全部分人看,先要弄清。"(《中学以上作文教学法》,四二至四三页)此段说话,自然不单指绪论而言,可是在做绪论时

也可应用。汪倜然先生把这方法叫作"迎合"。他说:"'迎合'是迎合读者的心理,就是用博得读者好感的手段来引起读者的注意及倾听。"(《论辩文作法》,一八二至一八三页)"迎合"这个名词,容易使人误会为做读者的尾巴,不及梁任公所用的"对机"(但任公所谓"见什么人说什么话",也有语病),其实,所谓对机云者,就是为了贯彻自己的主张而随顺读者的心理之谓。贯彻自己主张是目的,随顺读者的心理是手段。随顺读者心理,正所以转变他的心理。要是作者为了手段而牺牲其目的,那和辩士、政客以笔舌博取富贵者又有什么分别?

对机的运用,不出两个方面:一是在文辞方面,以热诚恳切的态度、谦虚委婉的措辞来博取读者的好感或减少读者的反感;一是在内容方面,开头不提出自己的主张,闲闲地从别事或旁面说起,逐层迫近命题,直到最后才把正意指出。第一种方法在普通的情形之下,即估量读者不至十分反对作者的主张的场合,可以采用它来写绪论。如果预料读者对於作者的主张十分反对的时候,那就必须采用第二种方法了。然而第二种方法是不能起首提出命题的，所以不能应用於绪论，只能统筹全局，合全篇来布置了。关于第二种方法，莎士比亚的名剧《恺撒大将》中安东尼的演说是一个最出名的好例，学辩论术者几乎没人不读。在中国也有一个好例，就是《战国策·赵太后新用事章》所载左师触詟说太后令长安君质齐的事。现在先举一例（例一）来说明第一种方法，再把这篇文抄录於其次，以供参考。

〖例一〗刚才在国会演说的那诸位先生，对於他们的爱国心和才干，鄙人是再钦佩也没有。不过，不同的人常从不同的方面去看同一个题目，因此，假使鄙人所抱的意见是和他的意见性质完全相反，而打算来将我的情绪尽量地自由发泄出来，那么，我希望这诸位先生不要见怪。现在不是客气的时候。国会当前的问题是对於我们的国家有重大关系的。据鄙人的意见是，这问题简直就是我们得自由或做奴隶的问题。

——Patrick Henry，见汪倜然：《论辩文作法·引》

〖例二〗赵太后新用事，秦急攻之。赵氏求救於齐，齐曰："必以长安君为质，兵乃出。"太后不肯，大臣强谏，太后明谓左右："有复言令长安君为质者，老妇必唾其面。"

左师触詟愿见太后，太后盛气而揖之。入而徐趋，至而自谢，曰："老臣病足，曾不能疾走，不得见久矣，窃自恕，而恐太后玉体之有所郄（《史记》作'苦'）也，故愿望见太后。"太后曰："老妇恃辇而行。"曰："日食饮得毋衰乎？"曰："恃粥耳。"曰："老臣今者殊不欲食，乃自强步，日三四里，少益嗜食，和於身也。"太后曰："老妇不能。"大后不和（依《史记》增"不和"二字）之色少解。

左师公曰："老臣贱息舒祺，最少，不肖；而臣衰，溺爱怜之。愿令得补黑衣之数，以卫王宫。昧死以闻。"太后曰："敬诺。年几何矣？"对曰："十五岁矣。虽少，愿及未填沟壑而托之。"太后曰："丈夫亦爱怜其少子乎？"对曰："甚於妇人。"太后笑曰："妇人异甚。"对曰："老臣窃以为媪之爱燕后贤於长安君。"太后曰："君过矣。不若长安君之甚。"左师公曰："父母之爱子，则为之计深远。媪之送燕后也，持其踵，为之泣，念悲其远也，亦哀之矣。已行，非弗思也，祭祀必祝之，祝曰：'必勿使反！'岂非计长久，有子孙相继为王也哉？"太后曰："然。"

左师公曰："今三世以前，至於赵之为赵，赵主之子孙侯者，其继有在者乎？"曰："无有。"曰："微独赵，诸侯有在者乎？"曰："老妇不闻也。"曰："此其近者祸及其身，远者及其子孙，岂人主之子孙则必不善哉？位尊而无功，奉厚而无劳，而挟重器多也。今媪尊长安君之位，而封之以膏腴之地，多予之重器，而不及今令有功於国，一旦山陵崩，长安君何以自托於赵？老臣以媪为长安君计短也，故以为其爱不若燕后。"太后曰："诺，恣君之所使之。"

於是为长安君约车百乘，质於齐，齐兵乃出。

——《战国策·越太后新用事章》

你看，这是多么好的一篇随顺听者心理以转变其心理的说辞！起首只从日常起居起，骤看好像与最后的本意无关，只是用以缓和太后的"盛气"，但仔细一看就知道是息息相关，几乎没有一句话是白费的。即是：由老衰引起"爱怜"少子，"愿未填沟壑而托之"太后，以迫出她"丈夫亦爱怜少子乎？"这一句话，即赶紧对以"甚於妇人"而转到太后之爱长安君；但他却故意说太后之"爱燕后贤於长安君"，用以迫出太后"不若长安君之甚"，因而说出父母爱子的一番"计深远"、愿"子孙相继为王"的心理；及太后承认，他即证明诸侯之子孙不能长久由於"位尊而无功，奉厚而无劳，而挟重器多也"；到了这里，他偏不说出宜使长安君出质立功，却只说"媪为长安君计短也"以证明自己所以为"爱燕后贤於长安君"的说话，迫使太后自己承认他的正意。转移听者心理的技巧，真可以说是"登峰造极"了！

第五，简短明晰。论辩文的目的在证明命题使人信服奉行，而读者看论辩文的目的，也在要知道作者的主张是否正确。因此，绪论只要使读者知道作者所要说的是什么，是不是值得注意。因此，绪论只要明晰地能使读者知道所要说的是什么、足以定其去取就够了,无须冗长;也不可冗长;因为一冗长,不但读者生厌,也且分散或妨害读者注意力之集中,与绪论原来的目的相违背了。所以,必须尽可能地使它简短甚至可以不要绪论;墨子的《非攻篇》就是好例。

第二节 怎样写正文(其一)

正文的主要目的在证明命题

　　论辩文除了"绪论"和"结论"之外,其余的文字都是"正文"。普通的论辩文,正文的位置在於文章的中间部分,并占有文章大部分的篇幅,故在说明怎样写绪论之后,接着来说明怎样写正文是很自然的顺序。

　　正文的主要的目的,在於证明作者所提出的命题;有的人叫这一部分作"证明",例如汪倜然先生在《论辩文作法》中就采用这个名词。但是正文里面的文字不限於论证,说明的文字也有,叙述的文字也有,譬喻的文字也有,诘问的文字也有。故有的人把它分作两部分来说明：①"陈述"；②"证明"。例如高语罕先生的《国文作法》就是这样的分说。然而，陈述和证明，在正文里，常是交错着存在的，不但不必截然分成两部分，并且不必照先陈述而后证明的顺序，甚至有些陈述还写在绪论里面——因为这些缘故，我们觉得对於绪论和结论以外的这部分文字，还是叫它作"正文"妥当一点。

正文中的说明和叙述

在正文中，对於命题所包含的名词，有不易了解或易生误会而在绪论不及解释的，必须给以解释，这种解释，普通多放在正文的起首；对於进行论证当中所说到的名词有不易了解或易生误会的，也须给以解释，这种解释，普通都尽量地放在紧接所解释的名词之后；对於别人的解释认为不对的时候，也须指出他的不对而提出自己认为正确的解释，这种解释，也须尽量放在靠近指摘别人的解释不对的地方……这些都是必须采用说明的方法的，故须遵守说明文的法则。

在正文中，有时须先叙述别人的意见，以为批评或驳斥的对象；有时须先叙述自己的意见，以为证明的张本；有时须说述一件故事来做证明的证据；有时须叙述事物的真相，来纠正别人所说的失真；有时须利用一种事物或一件故事来做譬喻，以增加证明的力量……这些都须采用叙述文的方法，故须遵守叙述文的法则。

可是，因为正文的目的和任务在於证明命题，这就规定了正文的文字必须直接和间接来完成它的任务，到达它的目的。因此，在正文中的说明和叙述等，都必须直接、间接地起证明的作用，没有这种作用固然不好，如果超过了必需的限度，也属赘疣，使读者"目迷五色"而不知正意何在了。这就是正文中的叙述和说明的文字与普通的叙述文和说明文不同的地方。至於譬喻的作用，在论辩文的正文中，不仅和它在其他部分（如在"结论"中的）的无异，而且也和它在别种文章中的一样，总以能够帮助理解、加强兴趣为主。它的写法，一般的修辞学书都有详细的说明，这里无须细说。

论证的必要

现在可以来说明正文的根本任务——论证了。论证就是用真凭实据来阐明命题的所以成立的作用①,是表示人们达到对於事物能够加以某一'云谓'的过程。我们对於某些事物加以某种云谓,就构成一个命题。命题的建立,在作者是经过了一番对於事物的分析和综合的思考的,然而作者的命题,在读者是陌生的或是仅漠然知其然而不知其所以然的,因为读者没有经过和作者同样或类似的思考。作者既向读者提出一个命题,就负有把其所以成立的理由告诉读者的义务。即是说,作者负有义务告诉读者,经过了怎样怎样的思考路径,就可以而且必然达到这个结论——命题。然而作者必须告诉读者的,不必是作者实际所走过的一切路径,而是其中最直捷的路径,因为作者在达到目的地所走过的一些冤枉路,是无须告诉读者的,除非某些路中确有陷阱。这样,为了思想的经济起见,论证是必要的。

---

① 原文如此,另见下文。——编者注。

而且，命题只是告诉读者一个结论。比方说，走某条路就会达到目的地。单只这样说，读者未必就相信。所以，最好的方法，就是你带他一块儿走走，论证就是一程一程地带着读者向着目的地走去；走完了，果然到了目的地，读者就不能不相信了。所以，为了使读者相信起见，论证也是必要的。

有时，读者因为相信你，或者听过别的走过这条路的人的说话，他也可以相信你的结论——命题。然而他毕竟没有亲身走过，终归没有实感，如果你带他走过一次，不但可以增加他的相信，并且因为多了走路时所得的智识和印象，自然要加深对於目的的认识。一个命题经过论证之后，可以增加许多知识，对於问题中的认识，就更加深刻了。所以，为使读者认识事物更加深刻（作者自己也是这样）起见，论证也是必要的。

我们由对於事物的分析和综合而得到一个命题，或者使读者经过我们所指示的路径而达到那个命题，都是必须经过一番思维的功夫。所以，论证一个命题，必须依着思维的法则——合乎逻辑。离开逻辑，我们就没法思维，不但论证没有可能，命题根本就没法成立了。不但此也，论证的必须合於逻辑，不在於它的形式，而在於内容。有些证明，从字句看来，似乎是入情入理，但一细察其内容，便知道并不是那么一回事，形式逻辑所以靠不住，就是因为它专在形式上去做功夫。"因明"之所谓"似能立"和"似能破"，就是指那些有形式而无内容的论证而言。

论证的材料及其条件

因为我们所提出的命题不是尽人所能相信（尤其是论敌），或者不是一看就能相信的，所以需要论证。上面所谓论证必须合乎逻辑，只是指着论证的时候必须遵守的条件而言，还没有说到论证所用的材料及它所必须具有的条件。

可以用来做论证的材料的范围很广。事物和它们的关系，以及由其得来的原理和学说，都可以采用；不过有一个条件，就是必须属於读者所已经相信或者能够相信的东西。材料如果是属於读者已经相信的，只要把它写出来就够了；如果属於读者能够相信的，就必须加以说明乃至论证，然后能够取得读者的信仰。所以，在正文中，往往不仅要论证论文的主要命题，并且必须论证引来证明主要命题的命题。后一种命题，对於论辩文虽属次要的地位，但其论证的方法都和主要命题没有两样。

说到这里，我们就可以明白，论证是一种推理的作用，具体地说，就是逻辑地用读者所已信或能信的事物、学说及原理等来阐明命题的所以成立的作用。因此，论证就必须应用逻辑上的推理方法，才能合理，才能成为"真能立"和"真能破"。所以，写论辩文的人，必须对於逻辑有较为深刻的研究，才能写出更好的文章。同时，另一方面，常写论辩文，也能够获得对於逻辑的更刻深的理解——两者是相成相长的。

逻辑这门学问，自其发生的地域说，西洋有形式逻辑（主要是演绎法）、归纳法（广义地说，归纳法也是一种形式逻辑）及辩证法（有"观念论的"与"唯物论的"之别），东方有印度的因明、中国的所谓"墨经"（先秦诸子大都有关於逻辑的说话，不过没有墨子那么完整，具备逻辑科学的雏形）——它们都有其推理方式和特色。因为随着资本主义生产的发展和广播,广义的形式逻辑也普及到全世界去。而印度的因明,其应用差不多不出一部分的佛教徒中间,中国的《墨经》直至近年才有人研究。所以,一提起逻辑,就很容易想到演绎法及归纳法了;及至唯物论的辩证法兴起之后,它才扬弃了过去一切的逻辑而取得支配的地位。

演绎推理

论辩文普通所常用的推理方式,有下列几种:
第一,演绎推理。
根据一个普遍的原则去推论这原则中所包括的任何个体,这种推理法叫作演绎推理。演绎推理,普通是采用形式逻辑的"三段论式"的方式的。例如:

> 凡人皆有死, （大前提）
> 苏格拉底是人, （小前提）
> 所以苏格拉底有死。 （断案）

这样一个推理是由三个命题所构成,所以叫作三段论式。第一个命题叫作"大前提",第二个命题叫作"小前提",由这两个前提提出第三个,叫作"断案"的命题。在这个推理中,共包含着三个名词:"人"、"有死"和苏格拉底。"有死"这个名词范围最大,叫作"大名词";"人"次之,叫作"中名词";苏格拉底最小,叫作"小名词"。再举一例:

  钻石是可燃物,   (大前提)
  这宝石是钻石,   (小前提)
  所以这宝石是可燃物。   (断案)

这一个推理也是由三个命题所构成,一样的包含着大、中、小三个名词。

依照形式逻辑的说法,凡是正确的推理,必须遵守下面五条规则,犯了这些规则之一,就不能成为正确的推理。五条规则是:

演绎推理的五条规则

（一）三段论式必须具有三个名词，不得多、少。

（二）中名词在两前提中，至少须经一次"普及"。（"普及"也称"周延"，即包括那名词所标识的东西的全部而言。）

（三）凡在前提中未经普及的名词，在结论中不可使它普及。

（四）两前提俱为否定命题的时候，不得有结论。

（五）两前提有一个是否定的时候，其结论也是否定。

演绎推理的缺点

因为形式逻辑是问题推理的逻辑形式，不问推理的实际内容，其所谓正确与不正确，也只就推理的形式说，至於论旨是否符於客观的事实，它是不管的。所以，有时同样的形式，而在实际却有说得通与说不通的差别；有时在形式犯了所定的规则，但在实际上却可无误。例如：

> 人皆有死，
> 苏格拉底有死，
> 所以苏格拉底是人。

这一论式，在事实上是说得通的。然而同样的论式：

> 电子能飞行，
> 子弹也能飞行，
> 所以子弹是电子。

这个论式就说不通。可见形式是靠不住的了。又在理论上，三段论式必须有三个命题，然而在实际上，往往有两个命题就可以，即：大小前提，就是缺少一个也无碍於事。例如说：

> 凡人皆有死，
> 所以苏格拉底有死。

因为苏格拉底是个公认了的历史上的实在的人，因而"苏格拉底"的名词已包含有"人"的概念在内，故"苏格拉底是人"的小前提简直是没有必要。然这还可以说是存在於脑中，不过实际没有写出罢了。可是下面这一论式，明明犯了第（四）条规则，比方说：

> 凡悭吝的人不好施舍，
> 张三不好施舍，
> 所以张三是悭吝的人。

明明两个前提都是否定，然而它可以得出结论，并且没有错误。这不是证明了单靠形式来决定正确与错误是靠不住的吗？

在形式逻辑上，把那种欠缺一个前提的方式叫作"不完全论式"或"缺论式"，然而实际的推理往往是采用"不完全论式"的。比方在实际上为人们所熟知的前提，写出来反觉赘累；或小前提的"所谓"（如"苏格拉底是人"的"人"的概念）已包含在小名词之中，写出来反觉重复……这时候，多半是略去不说的。所谓人们所熟知的前提,例如梁任公《论思想解放》那篇文章,它的命题是"思想解放,不应反抗",他证明这命题的理由是:(1)思想解放只有好处;(2)思想解放并无坏处。汪倜然先生把它们(命题和证明的理由)排列举来,并补足成功为完全的论式:

(一)凡是有好处的事情都不应反抗,

(大前提)

思想解放只有好处, （小前提）
所以思想解放不应反抗。 （断案）

(二)凡是并无坏处的事情都不应反抗,

(大前提)

思想解放并无坏处, （小前提）
所以思想解放不应反抗。 （断案）

在那篇论文中,所以没有把两个大前提说出,正因为它们都为世人常识所习知,说出反觉无味。不但此也,在行文时,大小前提和断案都可以先后错置,并变

更其文字,而使文章生动顺畅。例如:

> 学校的功课都应当注意学习, （大前提）
> 音乐是学校的功课, （小前提）
> 故音乐应当注意学习。 （断案）

这个推理论式,可以变更之为下面六种写法:

(一)学校的功课都应当注意学习(大),音乐(既)是学校的功课(小),所以音乐(也)应当注意学习(断)。

(二)学校的功课都应当注意学习(大),所以音乐(也)应当注意学习(断),(因为)音乐(也)是学校的功课(小)。

(三)音乐(既)是学校的功课(小),学校的功课都应当注意学习(大),音乐(也就)应当注意学习(了)(断)。

(四)音乐(既)是学校的功课(小),音乐(就)应当注意学习(断),(因为)学校的功课都应当注意学习（大）。

（五）音乐应当注意学习（断），（因为）学校的功课都应当注意学习（大），音乐（也）是学校的功课（小）。

（六）音乐应当注意学习（断），音乐（既）是学校的功课（小），学校的功课都应当学习（大）。

——夏丏尊：《文章作法》，八三至八四页

可见推理在实际上是很活泼的，不为呆板的形式逻辑的三段论式所拘束。况且形式的演绎法此外还有许多本质上的缺点——最主要的是离开事物而只根据事物的抽象化了的概念而行推理（见下章）——格式上的烦琐，其有裨於推论者实至寡少。学者应用这种推理方式，如果不时时注意於事物及其关系的实际，即如果不深入於事物的内部去分析事物，那就会得到不切合於客观事物的结论，容易为论敌所攻破或不足以驳倒论敌了。这一点，必须格外注意。

论辩文大体采用演绎推理的甚多。上述梁任公的

《论思想解放》就是一个好例,墨子的《非攻》也是采用这种推理法的。

归纳推理

第二,归纳推理。

归纳推理是根据归纳逻辑的法则的推理。归纳推理与演绎推理不同,演绎推理是根据一个既定的普遍的原则去推论那原则中所包括的任何个体,而归纳推理则先去观察各个个体,而由其同异等来归纳出一个普遍的原则。

如果演绎法可以说是由全部到部分的推理,那么,归纳法就可以说是由部分到全体的推理。这是一。

演绎法是离开客观的事物,只在由客观事物抽象了的概念上面去进行推理,反之,归纳法则就客观的具体事物去观察来求出一个普遍的原则。在这一点,归纳法要比演绎法客观些,切实些。这是二。

然而归纳法所根据的思维原理仍然和演绎法没有分别,因而它的观察也只限於事物特征之量方面的异同,而从略了其质方面的差别，故其所得常限於事物表面的现象，而不是事物内容的关系。在这一点，归纳法还是与演绎法一样，同是形式逻辑。这是三。

归纳逻辑学者常自许这种逻辑是综合的，与演绎法之为分析的不同；其实，"这点在实际上并不能作为归纳法和演绎法的绝对差别。因为归纳推理中绝不能只有综合而无分析。当我们观察一事物而进行抽出其与他种事物类似和差异特性时[①]，就是从多数概念中进行个别的分析，再从那些类似或差异总汇为一新的法则或概念，这就是综合。"（王特夫：《论理学体系》，二七四页）同时，当我们进行归纳推理的时候，并非漠然无目的地去观察事物，必然先有一个假设存在脑子里。这个假设虽然不是既定的原则，但它在我们工作中间是起着指导的作用的，即指导我们怎样去选择观察的对象、特别注意对象的哪一方面，这时候也起着演绎的分析的作用。严格地说，演绎和分析是不能分离而独立的。这是四。

---

① 原文如此。——编者注。

这四点，首先应当注意。

归纳推理的五种方法

归纳推理的方法有五：

（一）求同法（也名类同法）；

（二）求异法（也名差异法）；

（三）同异法（也名同异交得法）；

（四）共变法；

（五）求余法（也名剩余法）。

关於这些方法怎样进行及其应当注意之点，普通的逻辑书都有详细的说明（屠孝实的《名学纲要》在这类书中比较简明而扼要），无须多赘。这里只从梁任公的《墨子学案》中抄一段他说明逻辑家论结露的原因的文字，来代替说明：

> 我们要知道空气为什么凝结而成霜露等物，第一步可用求同法研究他（它）。暑天饮冰水，看见玻璃杯外面结露；冬天外边下大雪，屋里烧着大火

炉，看见玻璃窗内面结露；拿面镜子或铜墨盒盖，用口向着他（它）呵气，他（它）上面就结露：综合这三种现象，可以得一个公例，是："凡结露的物体，比四周围的空气较冷。"这算是一个原则了。但还有一种现象应该注意，夜间树叶上也结露，何以见得那块叶一定比四围的空气冷呢？这很容易证明。试用两个寒暑表，一个悬在空中，一个放在叶上，那叶上的表一定比空中的温度较低。可见树叶结露的原因，完全与玻璃等相同了。这就是用求同法求出来的。

虽然，何以见得这一定是原因不是结果呢？或者因为结露之故，才令该物体冷了，也未可知。即不然，或者别有一个原因，而结露与物体之冷，同为连带的结果，也未可知。所以这个原则是否可靠，还要用别的方法来证明。於是用求异法。同是装着冰水，为什么玻璃杯结露，瓷器杯不结露呢？同在一个滑面上呵气，为什么玻璃镜的露结得快，墨盒盖上结得缓呢？同在一个墨盒盖上呵气，为什么光滑的那部分结露多，雕刻或锈壤的那部分结露少呢？就这些异处逐一求去，可见结露之有无多寡，一定和该物体更有关系了。

於是再用共变法，将各物体一一检查，可以发见两个原则：第一，传热难的物质结露易，传热易的物质结露难。第二，散热易的物态结露易，散热难的物态结露难。既是传热难而散热易的物体，那么，一面他（它）的外部感受冷气，就把自有的热容易散了去；一面想从别处传通热量以补偿所消失，却甚迟缓。他（它）那外层的滑面，自然是要比四围空气较冷了。这就可以证明最初发见的原则一点都不错。

最后再用同异交得法来证实他（它）。试取那种种结露的物体来比较。以物体论，或是玻璃，或是铜，或是树叶，各各不同；以形状论，或是圆的、立体的，或是方的、平面的，或是尖的，各各不同；以位置论，或在桌子上，或在墙上，或在空地，各各不同；以时候论，或在冬，或在夏，或在日里，或在夜间，各各不同。除却"传热难，散热易，本体和周围空气较冷"这一个条件外，其余各种情状没有一样相同，然而同生出结露的现象。又翻过来，取那种种不结露的物体比较，一个瓷杯，一个陶杯，一个石杯、玉杯、金杯、铜杯、竹杯、木杯，款式、容量都和玻璃杯一样，装着一样多的冷水，同一个时候，摆在一张桌子上，除却"传热难，散热易，本体周围空气较冷"这一个条件外，没有一样和玻璃杯不相同，然而那不能生出结露的现象。於是乎"传热难，散热易，本体比周围空气较冷为结露原因"这一个断案，便成了颠扑不破的真理了。

——梁启超：《墨子学案》，一二七至一三一页

以上所引的例，只说明归纳法中（一）至（四）的四种方法，但还未说及剩余法。这里再由大西祝博士的《论理学》引一段说明剩余法的文字：

……今仍假哈西黎氏所引用之例，以示其法之用焉。其例云何？则安凯氏彗星之例是也。自引力之关系之见於太阳及游星者而计算焉，反复数次，则安凯氏彗星——以安凯氏首发见之故云——其归

还之时日与其位置，可得而预言。由是以推，是彗星者之运行，其亦必循引力之关系之见於太阳及游星者而动，无疑矣。顾精查之，其运行也，乃不全与此引力之关系者相符合；不全符合，则必其别更有可归之原因也可知。且是原因者，既以滞彗星之复来而迟其期，又不可不为物之夭閼其运行而妨害之者焉。思及是，而虚空之间有以太（ether）——流体之精者可传光热——焉以充塞之之臆说，今乃自星学之方面，新得一证据矣。而且其所用以推测者，即为剩余法。何者？安凯氏彗星之运动，取其归因於引力者除而去之，而以其更有剩余之现象，因推而知是剩余之现象者，其因为必在引力之外而得以太者为之说明，是正其法之一例也。

——大西祝：《论理学》，胡茂如译本，下卷，一二六页

应用剩余法在天文学上获得伟大的功绩就我们所知，还有勒维里耳发见海王星的事实；泰仲实先生所译的《逻辑例解》第四章，即说明这件事（文章太长不便

引用，读者可自己去看）。那个例比这里所引的还要好些，因为海王星比以太的臆说确实得多。

归纳推理也有完全的和不完全的区别。如果对於我们所要研究的对象，能够把它所包含的实例通通加以观察而获得结论，这是再确实没有的办法。这叫作"完全的归纳"。然而事实上我们对於所研究的对象往往不能够全部观察，只能观察其一部分而据以做出结论；这种办法就叫作"不完全的归纳"。这时候，所观察的实例越多，结论就越确实。

归纳推理应注意两种条件

所以，采用归纳推理，除了上述它所具有的形式逻辑的毛病（见下章）应当注意之外，还有两种条件必须注意：第一，要实例靠得住；第二，要没有相反的实例可举。完全的归纳只要注意前者就够了，不完全的归纳则必须两者都加注意。不过，在实际上，如果有一、二相反的实例，只要能够说明它所以相反的原因，还可以作为外例看待，不妨害其结论所树立的通则的成立的。

论辩文全篇大体采用归纳推理的，如胡适的《国语文法概论》和《怎样读书》，吴景超的《中国文明何时可与欧美并驾齐驱》和《西汉遗留下来的几条仕宦之路》等，都是好例。

不过，我们应该注意，通常的论辩文多是归纳和演绎并用的，这不但因为要使文章错落有致，而且是因为归纳和演绎根本就不能够分离而独立。

类推推理

第三，类推推理。

用一种特别事实做根据去推证其他类似的特别事实，叫作类推推理（简称"类推"）。比方说，地球是太阳系的行星，有空气，有水分，有气候的变化而且也有生物居於其上；而据天文台的观测，木星也为太阳系的一个行星，有空气，有水分，有气候的变化。所以，多数天文学者都认为木星上面殆也有生物存在。这种推测就是类推，因为它是用地球和木星的类似点来做根据的。

这种论证，因为它不是像演绎推理那样，有一个普遍的原则做根据，又不像归纳推理那样，由许多事例来归纳出结论，自然它的确实性要比演绎法和归纳法薄弱得多。但是，在无法应用演绎法和归纳法（如上述推测木星是否有生物的场合）的时候，或者在比喻地利用它的较多具体性来加强推论的时候，这种推理还有相当的用处。所以在论辩文中，也时时采用它。例如：

〖例一〗张君劢也似乎觉得这样列举有点困难，所以他加以说明："人生为活的，故不如死物质之易以一律相绳也。"试问活的单是人吗？动植物难道都是死的？何以又有什么动植物学？

——丁文江：《玄学与科学》，五页；见《科学与人生观》，上卷

〖例二〗……人的食物不外小粉、脂肪、蛋白质，都是复杂的化合物，含有能力①在内。吃了下

---

① 今用"能量"。下同。——编者注。

去，好像机器中加了煤；还要一种帮助，就是养气①。因为必须有养气，煤方能燃烧，方能生出能力，使水变汽冲出，去推动这机器。人也是如此。当呼吸的时候，养气进去，转入血管，使身体内的组组起养化作用，而复杂的物质又变为简单，同时复杂物质内所含的能力就放出，人就能活动了。……

——周建人：《生命与灵魂》；见松江暑期演讲会编辑《学术演讲录》第二集，五三页

上面所引两例，例一是用"动植物是活的，可以有动植物学"来推论"人生为活的"也能够适用科学。例二则是用机器譬喻人，来说明人之所以活动，证明生命现象是一种新陈代谢，不是灵魂。像这样的例，论辩文里很多，几乎到处可以找得出来，读者可随时留意。不过，全篇立论采用这种推理法者却甚少。有一实例，文字虽然长些，因为太好了，所以把它抄在下面——那就是梁范缜的《神灭论》：

---

① 今用"氧气"。下同。——编者注。

或问予云:"神灭,何以知其灭也?"答曰:"神即形也,形即神也。是以形存则神存,形谢则神灭也。"

问曰:"形者无知之称,神者有知之名。知与无知,即事有异。神之与形,理不容一。形神相即,非所闻也。"答曰:"形者神之质,神者形之用。是则形称其质,神言其用——形之与神,不得相异也。"

问曰:"神故非质,形故非用;不得为异,其义安在?"答曰:"名殊而体一也。"

问曰:"名既已殊,体何得一?"答曰:"神之於质,犹利之於刃;形之於用,犹刃之於利。利之名非刃也,刃之名非利也;然而舍利无刃,舍刃无利——未闻刃没而利存,岂容形亡而神在?"

问曰:"刃之与利,或如来说。形之与神,其义不然。何以言之?木之质无知也,人之质有知也;人既有如木之质,而有异木之知,岂非木有其一,人有其二邪?"答曰:"异哉言乎!人若有如木之质以为形,又有异木之知以为神,则可如来论也。今人之质,质有知也,木之质,质无知也——人之质非木质也,木之质非人质也。安在有如木之质而复有异木之知哉!"

问曰:"人之质所以异於木质者,以其有知耳。人而无知,何异於木?"答曰:"人无无知之质,犹木无有知之形。"

问曰:"死者之形骸,岂非无知之质邪?"答曰:"是无知之质也。"

问曰:"若然者,人果有如木之质,而有异木之知矣。"答曰:"死者有如木之质,而无异木之知;生者有异木之知,而无如木之质也。"

问曰:"死者之骨骸,非生者之形骸邪?"答曰:"生形之非死形,死形之非生形,区已革矣。安有生人之形骸,非有死人之骨骸哉?"

问曰:"若生者之形骸非死者之骨骸,死者之骨骸则应不由生者之形骸。不由生者之形骸,则此骨骸从何而至此邪?"答曰:"是生者之形骸,变为死者之骨骸也。"

问曰:"生者之形骸虽变为死者之骨骸,岂不因生而死？则知死体犹生体也。"答曰："如因荣木变为枯木，枯木之质，宁是荣木之体！"

问曰："荣体变为枯体，枯体即是荣体；丝体变为缕体，缕体即是丝体。有何别焉？"答曰："若枯即是荣，荣即是枯，应荣时凋零，枯时结实也。又荣木不应变为枯木，以荣即枯，无所复变也。荣枯是一，何不先枯后荣？要先荣后枯，何也？丝缕议，亦同此破。"

问曰："生形之谢，便应豁然都尽。何故方受死形，绵历未已邪？"答曰："生灭之体，要有其次故也。夫欻而生者必欻而灭，渐而生者必渐而灭。欻而生者，飘骤是也；渐而生者，动植是也。有欻有渐，物之理也。"

问曰："形即是神者，手等亦是神邪？"答曰："皆是神之分也。"

问曰："若皆是神之分，神既能虑，手等也应能虑也？"答曰："手等亦应能有痛痒之知，而无是非之虑。"

问曰："知之与虑，为一为异？"答曰："知即是虑，浅则为知，深则为虑。"

问曰："若尔，应有二虑。虑既有二，神有二乎？"答曰："人体唯一，神何得二？"

问曰："若不得二，安有痛痒之知，而复有是非之虑？"答曰："如手足虽异，总为一人；是非痛痒虽复有异，亦总为一神矣。"

问曰："是非之虑，不关手足，当关何处？"答曰："是非之虑，心器所主。"

问曰："心器是五脏之主，非邪？"答曰："是也。"

问曰："五脏有何殊别，而心独有是非之虑乎？"答曰："七窍亦复有何殊，而所用不均，何也？"

问曰："虑思无方，仍以知是心器所主？"答曰："心病则思乖，是以知心为虑本。"

问曰："何不寄在眼等分中？"答曰："若虑可寄於眼分，眼何故不寄於耳分邪？"

问曰："虑体无本，故可寄於眼分；眼自有本，不假寄於佗分也。"答曰："眼何故有本而虑无本？苟无本於我形，而可遍寄於异地，亦可张甲之情，寄王乙之躯，李丙之性，托赵丁之体，然乎哉？不然也。"

问曰："圣人之形犹凡人之形，而有圣凡之殊，故知形神异矣。"答曰："不然，金之精者能昭，秽者不能昭；有能昭之精金，宁有不昭之秽质？又岂有圣人之神而寄凡人之器，亦无凡人之神而托圣人之体？是以八采、重瞳，勋、华之容；龙颜、马口，轩、皋之状，此形表之异也。比干之心，七窍列角；伯约之胆，其大若拳，此心器之殊也。是以知圣人定分，每绝常区，非惟道革群生，乃亦形超万有。凡圣均体，所未敢安。"

问曰："子云圣人之形必异於凡者，敢问阳货类仲尼，项籍似大舜，舜、项、孔、阳，智革形同，其故何邪？"答曰："珉似玉而非玉，鸡类凤而非凤，物诚有之，人故宜尔。项、阳貌似而非实似，心器不均，虽貌无益。"

问曰："凡圣之殊，形器不一可也。圣人圆极，理无有二，而丘、旦殊姿，汤、文异状，神不侔色，於此益明矣。"答曰："圣同於心器，形不必同也，犹马殊毛而齐逸，玉异色而均美。是以晋棘、荆和，等价连城，骅骝骊，俱致千里。"

问曰："形神不二，既闻之矣；形谢神灭，理固宜然。敢问《经》云，'为之宗庙，以鬼飨之'，何谓也？"答曰："圣人之教然也，所以弭孝子之心，而厉偷薄之意，神而明之，此之谓也。"

问曰："伯有披甲，彭生豕见，《坟》《索》著其事，宁是设教而已邪？"答曰："妖怪茫茫，或存或亡。强死者众，不皆为鬼，彭生、伯有，何独能然？乍为人豕，未必齐、郑之公子也。"

问曰："《易》称'故知鬼神之情状，与天地相似而不违'，又曰'载鬼一车'。其义云何？"答曰："有禽焉，有兽焉，飞走之别也；有人焉，有鬼焉，幽明之别也。人灭而为鬼，鬼灭而为人，则未知之也。"

问曰："知此神灭，有何利用邪？"答曰："浮屠害政，桑门蠹俗，风惊雾起，驰荡不休，吾哀其弊，思拯其溺。夫竭财以赴僧，破产以趋佛，而不恤亲戚，不怜穷匮者，何邪？良由厚我之情深,济物之意浅。是以圭撮涉於贫友,吝情动於颜色,千钟委於富僧,欢意畅於容发。岂不以僧有多余之期,友无遗秉之报,务施阙於周急,立德必於有己。又惑以茫昧之言,惧以阿鼻之苦,诱以虚诞之辞,欣以兜率之乐——故舍逢掖,袭横衣,废俎豆,列瓶钵,家家弃其亲爱,人人绝其嗣续,致使兵挫於行间,吏空於官府,粟罄於惰游,货殚於泥木。所以奸宄弗胜,颂声尚拥,惟此之故,其流莫已,其病无限。若陶甄禀於自然,森罗均於独化,忽焉自有,恍尔而无。来也不御,去也不追,乘夫天理,各安其性。小人甘其垄亩,君子保其恬素。耕而食,食不可穷也;蚕以衣,衣不可尽也。下有余以奉其上,上无为以待其下,可以全生,可以养亲,可以为己,可以为人,可以匡国,可以霸君,用此道也。"

——范缜:《神灭论》,由《弘明集》卷九、萧琛《难神灭论》抄出

以上所述的三种推理,是普通所常用的。普通的作

文法都有说明。第一、第二两种尤为人们所喜用。这两种不但彼此不能绝对地分离，并且有它们的共通的缺点，就是形式逻辑的缺点，上面已经略为说及，因为这缺点，常使推理陷於不正确，立的时候不是成为"真能立"，破的时候不是成为"真能破"。所以，到了唯物辩证法建立之后，不但"自悟"用它，就是"悟他"也要用它；换句话说，不但用它去研求真理、充实自己，并且也用它来证明真理、说服他人。这种辩证法，在逻辑上，应该在本章里给与说明，但为了理解和行文的方便起见，把它放进第四章去。此外，还有印度的因明推理方法，也把它放在第四章里，以避免文字上的重复。

程湘帆先生把"举例法"和"标记法"当作推理的方法看待，把它们和"演绎法"、"归纳法"及"类比法"放在一起，合称"推理五法"。依程先生的解释，"举例法是由公例的作用上举出一个实例去推求公例本身，或由原因的结果去推求原因的本身。此法的作用颇似归纳法。所不同的是运用一件相类的事情，或者现成典故去证明一般的公例而已"。例如，以某校施行道尔顿制的成绩做一个推论的实例，去证明道尔顿制比别的教学法好。又"标记法是由某项原因之一种结果去推求同样原因的别一结果。又叫作暗示法。此法是合用归纳法与演绎法的两种过程。严格言之，这是归纳式的举例法和演绎法并合应用的结果。譬如我们说'晴雨表下降为要下雨的标记'"（《演讲学》，一九九至二〇〇页）。也有人把这两法合并为一类，叫作"因果论证"，来和前面所述演绎、归纳、类推三种推理方法并列；然后再细分为"由果推因的论证"、"由因推果的论证"及"由果推果的论证"三个项目。费培杰先生译的《辩论术之实习与学理》就是这样的。

因为无论叫作举例法和标记法也罢，叫作因果论证也罢，这些方法，由他们的说明看来，根本离不了我们上述的三种推理方法，从推理上说，并没有特立一类来说明的必要；而且，所谓"举例"、"标记"及"因果"云云，是指论证所用的证据对於命题的关系的性质而言，不是指论证时所用的推理方法而言。所以，把它们当作一种推理方法，和演绎推理等并列一起，是不妥当的。我以为，毋宁依照它们本来的性质，放在"论证的性质"项下来讨论。在这一点，夏丏尊先生的处理是对的（参阅《文章做法》九四页以下）。

第三节　怎样写正文（其二）

这一节所要说的，还是关於怎样写正文的话；因为和上节所说的方面不同，并且连接起来也使第二节太长，妨害读者注意力的集中，故分开来说。这节所要说的为"论证的性质"和"论证的谬误"。先说论证的性质。

论证的性质

我们所用来进行论证的论据，对於所要证明的命题关系，是有种种不同的：或把它们当作原因或结果的材料，用来证明命题；或把它们当作命题所包含的一种实例，用来证实命题；或把它们当作类似的事物，用来譬证命题。由是使论证带上了不同的性质。夏丏尊先生称之为"论据的性质"而分它们为四类，即：①"因果论"；②"例证论"（和程湘帆先生所谓"举例法"相同）；③"譬喻论"；④"符号论"（即程先生所谓"标记法"）。

因为这里所谓"证据"的性质，无疑的是指它对於命题的关系而言，并且是由那种关系而带上的，不是证据（材料）本身固有的性质，我觉得从论证方面来观察较为妥当，故采用"论证的性质"这个名称。

至於分类，据夏先生所说，"因果论又名盖然论，是根据了'同样的原因必生同样的结果'的假定，以原因证明结果。例如：某人平日品行方正（原因），这次的窃案大概和他没有关系（结果）"。又说："符号论和因果论恰相反：因果论是从原因推证结果，符号论是从结果推证原因。例如：……某人到了严冬还穿夹衣，可见他很穷。"既然符号论也是根据因果关系来进行论证的，逻辑上，就不当於"因果论"之外别立一项，如果要特立一项，"因果论"一项就不包举了。所以，《论辩术之实习与学理》把这两者合并为一，较为妥当。故从性质上严格说来，论证的性质分类，应分为三，即：①因果的论证；②例证的论证；③比喻的论证。夏先生之所谓符号论，可并於因果论，成为它的一个分目。而用类推推理的论证，也可与譬喻合并而归属於"比喻的论证"项下。

这里且从《墨子》引出二三实例,并略加说明。

论证的性质分类

〖例一〗圣人以治天下为事者也。必知乱之所自起,焉(训"焉"作"於是"解)能治之;不知乱之所自起,则不能治。譬之,如医之攻人之疾者然。必知病之所自起,焉能攻之;不知疾之所自起,则弗能攻。治乱者何独不然。必知乱之所自起,焉能治之;不知乱之所自起,则弗能治。圣人以治天下为事者也,不可不察乱之所自起。

当察乱之何自起,起不相爱。臣子之不孝君父,所谓乱也。子自爱不爱父,故亏父而自利;弟自爱不爱兄,故亏兄而自利;臣自爱不爱君,故亏君而自利;此所谓乱也。虽父之不慈子,兄之不慈弟,君之不慈臣,此亦天下之大乱也。父自爱也,不爱子,故亏子而自利;兄自爱也,不爱弟,故亏弟而自利;君自爱也,不爱臣,故亏臣而自利。是何也?皆起不相爱。

虽至天下之为盗贼者，亦然。盗爱其室不爱其（"其"字疑涉上下文而衍）异室，故窃异室以利其室；贼爱其身，不爱人身（"身"字据俞说增），故贼人身（"身"字据俞说增）以利其身。此何也？皆起不相爱。虽至大夫之相乱家，诸侯之相攻国者，亦然。大夫各爱其家，不爱异家，故乱异家以利其家；诸侯各爱其国，不爱异国，故攻异国以利其国，天下之乱物，具此而已矣。

察此何自起？皆起不相爱。若使天下兼相爱，爱人若爱其身，犹有不孝者乎？视父兄与君若其身，恶施不孝？犹有不慈者乎？视子弟与臣若其身，恶施不慈？故不孝不慈亡有。故（"故"字疑衍）视人之室若其室，谁窃？视人身若其身，谁贼？故盗贼亡有。犹有大夫之相乱家，诸侯之相攻国者乎？视人家若其家，谁乱？视人国若其国，谁攻？故大夫之相乱家，诸侯之相攻国者亡有。

若使天下兼相爱，国与国不相攻，家与家不相乱，盗贼无有，君臣父子皆能孝慈，若此则天下治。故圣人以治天下为事者，恶得不禁恶而劝爱？

故天下兼相爱则治，交相恶则乱。

故子墨子曰："不可以不劝爱人者，此也。"

——《墨子·兼爱上》

这一篇文章，可以视为用因果的论证和比喻的论证的好例。全篇在阐明"兼相爱"与"治"和"交相恶"与"乱"的因果关系。墨子之提倡"兼爱"，目的在於治"乱"，所以必"察乱何自起"，由这一点说，是由果求因的。至於"譬之，如医之攻人之疾者然……不知乱之所由起，则弗能治"云云，明显的是属於比喻的论证的性质的。墨子在《非命上》说过："故言必有三表。何谓三表？子墨子曰：有本之者，有原之者，有用之者。於何本之？上本之於古圣王之事。於何原之？下原察百姓耳目之实。於何用之？废（孙云'废'读为'发'）以为刑政，观其中国家百姓人民之利。此所谓三表也。"所谓三表，就是立论的三种方法。而用"本之""原之"的方法来论证，往往就成为"例证的论证"。他自己是常用这些方法的，例如：

【例二】然而今天下之士君子，或以命为有。盖尝尚观於圣王之事：古者桀之所乱，汤受而治之；纣之所乱，武王受而治之。此世未易，民未渝（变更之意），在於桀、纣则天下乱，在於汤、武则天下治，岂可谓有命哉？

——《墨子·非命上》

　　【例三】今若夫兼相爱交相利，此自先圣六王者亲行之。何以知先圣六王之亲行之也？子墨子曰：吾非与之并世同时，亲闻其声，见其色也。以其所书於竹帛，镂於金石，琢於槃盂，传遗於后世子孙者知之。《泰誓》曰：文王若日月，乍照光於四方，於西土；即此言文王之兼爱天下之博大也。譬之日月兼照天下之无有私也。即此文王兼也。虽子墨子之所谓兼者，於文王取法焉。……

——《墨子·兼爱下》

　　【例四】当今之时，天下之害孰为大？曰：若大国之攻小国也，大家之乱小家也，强之劫弱，众之暴寡，诈之谋愚，贵之敖贱，此天下之害也。又与为人君者之不惠也，臣者之不忠也，父者之不慈也，子者之不孝也，此天下之害也。又与今人之贱人，执其兵刃毒药水火以交相亏贼，此又天下之大害也。姑尝本原於众害之所自生？此胡自生！此爱人利人生欤？即必曰非然也，即必曰从恶人贼人生。

——《墨子·兼爱下》

例二、例三是"本之古圣王之事"的例，例四是"原察百姓耳目之实"的例——都是举过去的事实或记载以及当前的事实来证明自己的命题，故是"例证的论证"。如果可以说庄子长於运用比喻的论证的话，那么，就可以说墨子是长於运用例证的论证的了。

因果的论证的重要

其次，关於因果的论证的重要性的问题，我对於夏先生的意见不敢表示赞同。夏先生说：

……因果论所以又名盖然论，就是因为这种议论并不是确切可靠的缘故。对於同一事件，往往可以做正反对的因果论，即如前例的：

（一）某人平日品行方正（原因），这次的窃案大概没有关系（结果）。

对於这一个因果论也可做正反对的第二个因果论：

（二）某人近来很穷（原因），或不得已而窃盗（结果）。

这两个因果论，可以同时发生；在这时候，要决究竟哪一个成立，实是一件很难的事。就是能够证明某人真是渴不饮盗泉的丈夫，但仍不能将（一）确立而推翻（二），因为还有第三个、第四个乃至无穷个因果论可以成立。即如：

（三）某人的母亲病得很危险，他正困於医药费（原因），或竟至於窃盗（结果）。……

——夏丏尊：《文章作法》，九五页

夏先生所以那样觉得因果论"并不是确切可靠"，是由於他对於因果论的理解不正确。因为在上面所引的文章中，他把因果论式的"假设"当作因果论看待。其实那些东西，只有那些能与别的证据互相调和、互相证实的才能够被用於论辩文中；在夏先生所谓"要决定究竟哪一个成立，实是一件很难的事"的时候，它们还都是"假设"。然而夏先生在上引文章的下面不远地方又说："但因果论虽不是充足的可靠的议论，却是必要的很有价值的。所以无论何种议论，至少非有一个因果论的证据不可。否则，即使别的证据很多，也不可靠。""……仅一因果论的证据虽不足恃，若与别的证据联合起来，就成为有价值的论法了。"（《文章作法》，九六至九七页）这里夏先生之所谓因果论又指"和别的证据联合"起来（其实是和别的证据互相调和、互相证实）的那些可以被用於论辩文的东西了。

把两种性质不同的东西包含在一个名称——因果论之下，那就难怪他忽而说"因果论""并不是确切可靠"的，忽而又说"是很必要的很有价值的"了。至於夏先生说"例论证和譬喻论只能作补充用，力量很微"（同书，一〇六页），我是同意的。

其实，因果的论证不但不能轻视，而且是非常重要的。就是认因果论为并不是确实可靠的夏先生,也见到这一点,也不能不说:"无论何种议论,至少非有一个因果论的证据不可。"为什么呢?因为论辩文的目的在於阐明真理,给人以预见事物发展的前途,使他获得实践的指南针的;假如没有把客观世界的因果关系弄明白,就不能达到这个目的。所以,论辩文的论证无论如何,是离不开因果关系的。

说详细些,就是——

我们在实践的活动上,认识环绕着我们的世界。在这个客观世界的一切现象,都是互相关系、互相作用着的,不管自然现象或者社会现象。观察相互作用是我们观察事物的第一步。

例如:人类社会的诸种要素之间——政治、经济以及思想之间,有着相互作用;同样地,人类社会和地理环境之间,也有着相互作用。诸种现象的相互作用是客观的事实,并不是我们的认识的主观的成果。但是,单只证明这种事实,还不能说是充分的知识。认识的目的,在於预见诸种现象的发展,为的是我们要根据这种预见,实践地去从事各种活动。要预见某种对象的发展，就必须研究这个发展。要预见发展，就不能不研究其本质的矛盾的发展。单只认识现象的外面的相互作用，是不充分的。因为它并不能告诉我们在相互作用的诸方面中，应该对哪一方面加以作用，才能使事物一如我们之意发展着。所以，我们必得更进一步，从相互作用之一般的锁链中，取得两个现象，把其一作为原因，把其他作为结果而观察。这就是我们认识的第二步。

例如：我们从生产过程的诸现象之中，把劳动手段（工具或机器）的运动和劳动对象（原料）的变化分开，说前者是后者的原因，后者是前者的结果。这样我们发现，存在於诸现象之间的因果关系，正和相互作用是客观的事实一样，这种因果关系也是客观的事实。并且，反映在人类脑子里的因果概念，往往多少要把自然的诸现象的客观的关联单纯化的。所以这种概念只能近似地反映着客观的关联。在现实上，原因和结果不是固有的东西。原因变成结果，结果变成原因，在现实中随处可以看到。

例如：在社会中，经济是政治、法律等的决定的原因，表现为能动的原因；但同时政治、法律本身，又是经济发展的能动的原因之一。从因果关系的见地去观察过程，虽然把现象单纯化了，可是它比着直接的认识确是进了一步的。因为因果关系的发见，使人对於诸现象的发展有先见之明，因而能够合目的地去行动。人类所发见的种种因果关系，就成为他们的预见和实践的基础，同时也成为他们的科学的必然的基础。更由科学的实践，发见了更多的现象的因果关系，於是他们的预见的可能和实践行动的范围也逐渐增加和扩大起来了。例如某种病菌的发见，使人类知道了对於某种疾病彻底的预防和治疗的方法。

因为论辩文最终的目的要使人信服而生起某种行动或停止某种行动，故它必须使人相信某种行动与其成果间的因果关系。因此，论辩文根本就离不了因果的论证，并且必须以它为整个论证的中心。其他的论证不过是补助它去完成这一任务罢了。例如比喻的论证，其用处在使读者容易相信；例证的论证，其用处则在於使读者的相信坚固起来。

论证的谬误

论证里面的错处，我们叫它作谬误。论证的谬误往往而有[①]，因为论证是用语言文字来表现客观事物及其关系的，中间还要经过思维。人类的思维是事物及其关系的反映，并且只能近似地反映，不能完全地和它吻合无间，因为事物及其关系是具体的、多种多样的，思维是抽象的、单纯化了的——这里就潜伏着谬误的可能。思维要由语言文字表达出来，而语言文字的涵义也不能完全地和思维吻合无间，因为思维是流动着的，语言文字是固定化了的——这里又潜伏着谬误的可能。论证的谬误，就从这些地方发生起来。

关于由语言文字和思维的关系发生出来的问题，虽是必须注意的问题，但那是属文法学、修辞学乃至意义学（是新起的一种学问，专研究思想与语言的关系）的范围的，这里可以不说。我们所要说的，是由於思维和现实（即客观事物及其关系）的关系发生出来的谬误。

---

① 原文如此。——编者注。

这种谬误的发生的主要的原因在於思维不能尽量近似地去反映客观的现实；而其所以不能尽量近似地反映着现实，则由於论证者不能运用正确的思维方法去观察和思维。所以，要避免自己的论证之陷於谬误，或要找出他人的论证之所以谬误，除了学得正确的思维方法而运用它去思维和发见之外，没有再好的方法的。

普通常把论证的谬误归於两种原因。如《论辩术之实习与学理》就这样写着："谬误有两种原因，一种是由於推理方法有错，一种是由於所根据的事实有错。"（三五五页）但是仔细一想，论证的思维过程是整个的，"所根据的事实"也必然经过一番思考，所以如果"所根据的事实"有错，结局还须由思维负责，"事实"是不能"任咎"的。再则，"推理方法有错"，如果以"离开现实去检查推理的形式上的正确与否"这种精神来说，即使检查无错，实际上还不能保证那论证之一定正确——我们在前面已经说过形式逻辑本身的缺点——重要的，还在"推理方法"本身是不是正确的方法。所以，把谬误归着於两种原因的说法，还是形式逻辑地观察问题的。因为形式地观察问题，形式逻辑就烦琐地讨论着谬误的问题，弄得读者头痛；然而依照它的方法去做，结局还是不能正确地去把握真理，因为它本身就建筑在不正确的基础——三个所谓"思想原则"上的缘故。

普通的作文法和论辩术书也种种地分类和说明着论证的谬误：或分为"逻辑的谬误"和"材料的谬误"，把前者让归逻辑去谈，只说明后者几种认为较要的大项目（汪佩然：《论辩文作法》，二三七页）；或则感到"分类很不容易，无论怎样分，实际应用的时候，总不免互相侵越，互相混杂。同是一个谬误，从这方面着眼，可以归入这一类，从那方面着眼，又可以归入那一类。并且谬误之出，常有一些连带的关系，连带的关系不同，种类也不同"，因而"以谬误所在的论证的种类和谬误出现的形式为标准"来分类（《论辩术之学习与学理》，三五七页），从逻辑到事实，杂然并陈。然而结局也和形式逻辑一样，烦琐有余，而把握真理则不足——因为它们根本就是站在形式逻辑的立场来说明的。现在且引两例来看看它们怎样无补于实际。例如：

〖例一〗偶有性谬误——说"是错在从普遍的原则推论到'特殊的'实例。演绎论证所根据的原则本来是包括许多实例的,但有时候,其中的一二实例,因特殊情形,可以使这例原则不能应用。……应用起来,那就犯了'偶有性的谬误'"。例如:

"有意杀人者是杀人犯,刽子手有意杀人,所以刽子手是杀人犯——错误:因刽子手杀人为法律所委托,故大前提之原则不适用。"

——汪佩然:《论辩文作法》,二四〇页

这种谬误,说明了,对於读者会有帮助吗?恐怕除了使读者知道有这么一个名词之外,就没有什么了。这样显浅的例(同书所举二、三两例也是这样),稍有常识的人,就不会犯,人家犯了也很快会看出来。如果深晦一点,论证者就不能单靠知道这个名词或知道有这样的一种谬误的可能去检查自己或他人的论证。把谬误找出来,势必要从其"所根据的原则"和当前成为讨论对象的事实的关系上去检查,才能发见谬误。然而,这步工作是论证者在做准备功夫时应该做到或已经做到的了。所以事实上，那对於他没有什么帮助。

〖例二〗虚证擅断的谬误——说"是表面上虚做证明，其实却是擅自论断，所以这一种论证等於不证不论。……说来说去，说不出一个所以然来。""虚证擅断的谬误可以分为三种：第一种是重复证明，就是把要证明的事情换了个说法，就用来作为证明。"例如：

（一）"鸦片引人睡觉。因为它是一种催眠的东西。"

"第二种是用未经证明的事件来做证明的材料，所以这样的论证即使是结论合理，亦没有成立的可能，因为它用来做证据的材料本身就是一个疑问，须另行证明方可。"例如：

（二）"死刑应当用无期徒刑来代替，因为无期徒刑同样地有限止谋杀事件的效力。"（无期徒刑之是否能同样地防止谋杀尚属疑问，此处即用为证明材料，自系擅断。）

"第三种是循环证明，转来转去，还是那么一句话，起先以甲作因、乙作果，后来却将乙作因、甲作果，兜了一个圈子，成为甲—乙—甲的格式。这当然是等於不证了。"例如：

（三）"因为我成功了，所以你失败；因为你失败了，所以我成功。"（说了半天，到底谁因为谁，还是没有说明白。）

——同书，二四八至二五〇页

关於这种谬误，前二例也可以说是因为论证者自己没有细分析过讨论的对象，才会发生。后一例则不一定不合理。为什么呢？因为在实际上，原因和结果并不是那么固定的。如果在论证中看到甲、乙两者互为因果的外形，不去细看它的性质，就一口断定它是"循环证明"，这只有形式逻辑的看法才会这样说（（三）的举例自然是说不明白）。我在上面也曾说过："在社会中，经济是政治、法律等的决定的原因，表现为能动的原因；同时，政治、法律本身，又是经济发展的能动的原因之一。"如果在认经济是社会发展中的主导的即"决定的"因素这个前提之下，就不是循环证明，而是辩证法地反映了客观的现实。然而这种区别,单就形式上是不能看出来的。结果,还是要去看它是否能够反映着客观的现实。所以,这种谬误的指示对於读者也没有什么裨益。

无须烦琐地说明谬误

所以我认为,关于谬误,无须那样烦琐地去罗列、说明它们。读者如果能够把握住正确的思维方法,在自己的论辩文中就可免陷於论证的谬误,同时对於他人的文字也能够敏锐地看出它所包含的缺点(假如有缺点的话)。因此,本章关於论证的谬误也只说到这一点为止。读者如果还有清兴,可以自己找找书看,好在普通的逻辑书和作文法大都是有相当说及的。

第四节 怎样写结论

结论必须顾到命题

一个命题,作者既经在绪论中把它提出来,那么，到了充分把它证明以后，照例自然要向读者交代一番。——结论的任务，就在於传达这种交代。为要读者回味着正文对於命题的确切起见，在结论中必须回顾到命题。例如：

> 以上所说四条仕宦之路，其流弊很多，不待我来征引。但是二千年来，这几条路还没有封闭，现在我们都希望政治走上轨道，所以急应封闭这四条仕宦的曲径，而另以选举与考试二条大道来代它。我在《社会组织》中曾说到这一点，现在我引来做我的结论吧：
>
> "政府中的职员很多，假如都要选举，人民将不胜其烦；假如都由私人择派，又易流於引用私人之弊——所以民众只选那几个政府中定政策的人。至於实行这政策的人，需要特殊知识或技艺的，便用考试的法子，使那任职的人不致滥竽充数。政府的下级人员如是这样产生的，政府便不会成为分赃的政府，而成为服务的政府了。总之，选举与考试制度实行之后，凡是在职的人，其所以在职，并非

因为他与长官有亲戚的关系，或有家族的关系，或有朋友的关系，或有同乡的关系，或有师生的关系，乃是因为他的才能与经验，够得上做他要做的事。他与长官，并不必有上列各种关系之一，即有，也是偶然的，而非必然的。"

"现在正在革命的政府当权的时候，我们希望这一天能早实现。"

——吴景超：《西汉遗留下来的几条仕宦之路》

这个例，可以说是一个规规矩矩的正式结论，不但把它的命题——这四条仕宦之路急应封闭——顾到，并且积极地提出自己的主张——"另以选举与考试二条大道来代它"。至是本可即接最后那一句"希望"的话，但因自己的主张还得说明几句，所以引了中间那一段文字，作为说明和结论两用的东西。

总结法的结论

一个命题，在绪论里被提出来的时候，只是一个抽象的判断。然而经过了正文一番论证之后，形式虽然一样，但内容可不相同。即是说，它在内容方面，是丰富得许多了。所以，在说明编定纲要时所说："结论的纲要中，命题须一字不易地写出来。"那只是说结论应该顾到命题，不要"游骑无归"，不知说到什么地方去，不要"节外生枝"，变更原来的论旨；而不是说，到了结论，还是毫无获得地回归於原来的命题。这不但读者读过正文之后，长加许多知识，就是作者经过了写作之后，也一样地把自己的思想弄得更加明晰丰富了。所以，在结论中，应该把命题比前丰富了的这事实表现出来，并借此加强读者对於正文的记忆。因为这个缘故，凡在正文所证明的各种可以表示命题的内容之丰富的理由，都要撮要总括一下，好像结出一张总账。这种结法，可以称为"总结法"。例如：

〖例一〗夫物不产於秦，可宝者多；士不产於秦，愿忠者众。今却客以资敌国，损民以益仇，内自虚而外树怨於诸侯，求国无危，不可得也！
——李斯：《谏秦逐客书》

〖例二〗上面略举第三种科学的人生观以见一斑,其余的不多说了。总结起来,我们承认:

(一)科学有它的限界,凡笼统混沌的思想,或未经分析的事实,都非科学所能支配。但是科学的职务,就在要分析及弄清楚这些思想、事实上。

(二)人生观若是一个笼统的观念,自然不在科学范围以内。若分析起来,或一大部分或全部分,都可以用科学方法去变更或解决。

我们还主张:

(三)科学自身可以发生各种伟大、高尚的人生观。

(四)因为不曾研究过科学的,看不到这种人生观的境界,我们应该多提倡科学以改良人生观,不当因为注重人生观而忽视科学。

——任叔永:《人生观的科学或科学的人生观》,收在《科学与人生观》上卷

上二例,都是总结正文的内容的,同时也顾到各自的命题。

比较法的结论

立论的论辩文,有时也在绪论或正文中驳斥别人的见解谬误,借以衬映自己的主义的正确。驳论的论辩文,主要的目的在於驳斥别人的主张,不消说驳论要占去大部分。这时候,最好在结论中,把彼我之论点比较一下。使此长彼短明显稍见(或一一比较,或只比较要点,均可),使读者更了然於辩驳的要点所在,而有所抉择。这种结法,叫作"比较法"。

〖例一〗读者注意!我始终没有给人生观下定义:我第一篇文章所讲的"人生观",是君劢清华讲演的九条;这一篇所讲的,是照君劢答词里面的定义。我已经证明君劢的定义是不能适用的,因为用精神与物质、内与外、我与非我来讲人生观,越讲越不明白,因为精神不能离物质而独立,内不能同外分家,他所说的"我"是不是真有的还是一个疑问。他的两种人生观都不是能离开知识的:"在知识界内科学方法万能。"知识界外还有情感。情感界内的美术、宗教都是从人类天性来的，都是演化生存的结果。情感是知识的原动，知识是情感的向导，谁也不能放弃谁。我现在斗胆给人生观下一个定义：

"一个人的人生观，是他的知识、情感，同他对於知识、情感的态度。"

情感完全由於天赋，而发展全靠环境，知识大半得之后天，而原动仍在遗传。知识本来同情感一样的没有标准，近几百年来自然科学进步，方才发明了一个求知识的方法。这种方法，无论在知识界的哪一部分都有相当的成绩，所以我们对於知识的信用比对於没有方法的情感要好，凡有情感的冲动，都要想用知识来指导它，使它发展的程度提高，发展的方向得当。情感譬如长江大河的水，天性是江河的源头，环境是江河的地形。情感随天性、环境发展，正如江河从源头随地形下流；知识是利用水力的工作，防止水患的堤岸，根本讲起来也是离不开地形的。这就是作者的人生观，究竟比张君劢的，哪一个适宜於现在的世界，请读者自择！

——丁文江：《玄学与科学——答张君劢》，收在《科学与人生观》上卷

〖例二〗我要引胡适之《五十年来之世界哲学》上的一句话来做一个结论。他说：

"我们观察我们这个时代的要求，不能不承认人类今日最大的责任与需要是把科学方法应用到人生问题上去。"

科学方法，我恐怕读者听厌了，我现在只举一个例来，使读者知道科学与玄学的区别。

张君劢讲男女问题，说"我国戏剧中十有八九不以男女恋爱为内容"。他并没有举出什么证据，大约也是起於他"良心之自动，而决非有使之然者也"。我觉得他提出的问题很有研究的兴味。一时没有材料，就拿我厨子看的四本《戏剧图考》来做统计。这四本书里面有二十九出戏，十三出与男女恋爱有关。我再看《戏剧图考》上面有"刘洪昇杨小楼秘本"几个字，想到一个须生、一个武生的秘本恐怕不足以做代表，随手拿了一本《缀白裘》一数，十九出戏，有十二出

是与男女恋爱有关的。我再到了一个研究曲本的朋友家里,把他架上的曲本数一数,三十种,几乎没有一种不是讲男女恋爱的。后来又在一个朋友家中借得一部《元曲选》,百种之中,有三十九种是以恋爱为内容的;又寻得汲古阁的六十种曲,六十种之中,竟也有三十九种是以恋爱为内容的!张君劢的话自然不能成立了。这件事虽小,但也可以看出"主观的,直觉的,综合的,自由意志的,单一性的"人生观是建筑在很松散的泥沙之上,是经不起风吹雨打的。我们不要上他的当!

——丁文江:《玄学与科学》,收在《科学与人生观》上卷

这两个例,都是用比较法来做结论的。例一拿彼我的定义来做比较,并明白地"请读者自择"。这个结论虽没有把争论各点通通拿来比较,但人生观的定义是彼此立论的根本的不同,这一点决定胜负的时候,其他大抵都可以随着决定了,故可用它做代表。例二是拿"玄学与科学"的方法的"区别"来做比较,所举的"一个

例"虽是新的,但在"方法"这一点上与正文仍有联络,因为"玄学与科学的区别",固不尽由於方法论的不同,而方法论的不同也是两者所由区别的重要原因之一。

劝说法的结论

有些命题,其内涵,不限於使读者知而信,同时还兼摄着促起读者行动。大多数的论辩文的命题都属於这一类。作者既在正文中证明了命题所指的事物的必要、可能以及行之有利不行有害了,如果在结论中,仅仅止於总结正文,则命题的含意未尽,也即是作者做论辩文的目的未达。所以,必须在结论中显示此意以促起读者的行动。这种结法,叫作"劝说法"。例如:

〖例一〗我们拿这三件事(指知者不惑,仁者不忧,勇者不惧——编者)做做人的标准,请诸君想想,我自己现在做到哪一件?哪一件稍为有一点把握?倘若连一件都不能做到,连一点把握都没有,嗳哟!那可真危险了,你将来做人恐怕就做不成。

诸君啊！你千万别要以为得些断片的智识就是算有学问啊！我老实不客气告诉你吧：你如果想做一个人，智识自然是越多越好；你如果做不成一个人，智识越多越坏。你不信吗？试想想全国人所唾骂的卖国贼某人某人，是有智识的呢，还是没有智识的呢？试想想全国人所痛恨的官僚政客——专门助军阀作恶鱼肉良民的人，是有智识的呢，还是没有智识的呢？诸君须知道啊！这些人当十年前在学校的时代，意气横厉，天真烂漫，何尝不和诸君一样，为什么会堕落到这样田地呵？屈原说的："何昔日之芳草兮，今直为此萧艾也？岂其有他故兮，莫好修之害也。"天下最伤心的事，莫过於看见一群好好的青年，一步一步地往坏路上走。诸君猛醒啊！现在你所厌所恨的人，就是前车之鉴了。

诸君呀！你现在怀疑吗？沉闷吗？悲哀苦痛吗？觉得外边的压迫你不能抵抗吗？我告诉你：你怀疑沉闷，便是你因不知才会惑；你悲哀苦痛，便是你因不仁才会忧；你觉得不能抵抗外界的压迫，便是你因不勇才会惧。这都是你知情意未经过修养磨炼,所以还未成个人。我盼望你有痛切的自觉啊!有了自觉,自然会自动。那么学校之外,当然有许多学问,读一卷经,翻一部史,到处都可以发见诸君的良师呀!

诸君啊!醒醒吧!养足你的根本智慧,体验出你的人格、人生观,保护你的自由意志。你成人不成人,就看这几年哩!

——梁启超:《为学与做人》,引自《开明语体文选类编》,第一册,三四至三五页

〖例二〗夫龙之为虫也,柔可狎而骑也;然其喉下有逆鳞径尺,若人有婴之者,则必杀人。人主亦有逆鳞,说者能无婴人主之逆鳞,则几矣!

——韩非:《说难》

这两例,例一是鼓舞读者(听者)积极地去做修养功夫,例二是告诫读者消极地勿批人主逆鳞——都是采用劝说法的方式。

还有一种结论不积极地鼓舞人家去做什么,也不消

极地告诫人家不可做什么,而只用慨叹、疑问的方式来暗示人家应该怎样做的;表面上虽像没有断语,而实际上有时反能激励读者而收到比从正面劝说更大的效果。例如:

> 可怜的人类,你们什么时候才能知道一与二(即绪论中所谓"个人的人格"与"性别的人格"——编者)的分别?可怜的妇女们,你们什么时候才能得到那两种人格的调和?你们什么时候才能得到真正的解放,那从奴性的服从中的解放,那从奴性的仿效中的解放?
> ——衡哲:《人格与妇女》,见《生活文选》二三六页

这种结论方式,在论辩文中被采用的时候特多——关于政治的论辩文尤其是这样。但是,必须看看命题具有这一涵义,方可采用;不然的话,就成为说教式的滥调,变成"蛇足"了。并且,采用这种结法时,文章虽是等到写完正文才写,但是意思必须和正文取得联络,换句

话说，就是须在正文的论证和语调上预先准备与之照应，到了结论写出来时，才不至使人觉得"突如其来"。所以，正文所用的材料和语句，必须含有可以启发读者的情感——结论所要激起或加强的那种情感——的因素；正文的论证，必须逐层蓄势，使结论的劝说成为事理的必然的归结。这样，到了结论一说，便"水到渠成"，不费力地把读者的行动的热情激发或加强起来了。

那么，怎样去激发读者的情感呢？激发哪一种情感呢？这不能抽象地说的，必须依照具体的情形去决定。这里能够说的只是，前者主要的要依靠作者的热情和修辞的技巧，后者则须权衡全局——即要依照读者的情形、环境以及他们对於问题的利害关系等等去决定的。

含有驳论的结法

上面曾经说过，驳论在论辩文中的位置没有一定，可放在绪论里，可放在正文里，也可放在结论里。这里所说的"含有驳论的结法"，就是把驳论放在结论里而即用以作结的。例如：

有人说:"既然这苦是从负责任而生的,我若是将责任卸却,岂不是就永远没有苦了吗?"这却不然,责任是要解除了才没有,并不是卸了就没有。人生若能永远像三岁小孩子,本来没有责任,那就没有苦。到了长成,那责任自然压在你头上,如何能躲?不过有大小的分别罢了。尽得大的责任,就得大快乐;尽得小的责任,就得小快乐。你若是躲,倒自投苦海,永远不能解除了。

——梁启超:《最苦与最乐》,见《开明语体文选类编》第一册,二七页

总而言之,结论的方法虽有上述种种,但从它们的本质看来,无非是总结正文,完成论旨。它们采取怎样的结法,和它们的命题的性质有密切的关系。在命题建立的时候,大体已经可以定局。如果作者在那时加以注意,便可把它确定;这样,后来的搜集材料,编定纲要,写定正文,便可预为布置。到了写结论时,自然不会感到怎样困难。这时只要注意修辞,使它与正文相呼

应就得了。可见建立命题这一种办法,对於写结论也很有帮助的。

普通的论辩文大抵都有结论,但把结论省略或放在正文前面代替绪论者也有。庄子的《秋水》就是完全把结论和绪论略去而只存正文的例。司马谈《论六家要旨》其开头一段说:

> 《易大传》:"天下一致而百虑,同归而殊途。"夫阴阳、儒、墨、名、法、道德,此务为治者也,直所从言之异路,有省有不省耳。

这几句话,就性质说,应该是结论,然而他却把它写在正文之前,用以代替绪论。这样的例子古书中颇多,如司马迁的《货殖列传》(《货殖列传》名虽"列传",实则是一篇关於古代经济的论文。自篇首"老子曰至治之极"至"而况匹夫编户之民乎"一大段,即所谓放在正文前面的结论。这一段主要的目的在於"论经济原则及其与道德之关系",以下的正文即是用这种眼光去叙述,而发挥议论的地方仍不少),庄子的《天下篇》(自篇首"天下之治术者多矣"至"道术将为天下裂"一大段,实质上是结论)之类都是,但现今的论辩文却很少这样地写了。

最后,关于结论的文字,还想说几句。结论的文字必须简洁,最忌繁冗,因为一繁冗,便把读者由正文得来的紧张的情绪吹散了。上举诸例,也是篇幅颇长的,但它们和正文比较起来,仍是配称;并且,在长篇巨制的论辩文,结论太短,也结不住。所谓"简洁",是说不要拖沓说废话,并不是一味以短为贵的。结论是论辩文结穴之所在,所以结论的文字必须态度严肃、庄重,方有力量。因此,凡是足以使读者读后"一笑置之"的语句,都不宜用。

以上四节,是就普通的论辩文说的;只是指出若干一般的准则,并不是机械的、呆板的、一点不能变通的定律。在用小品文的形式来写论辩文的时候,尤其是不应该拘泥的。

作为论辩文的一方式的小品文

关於小品文,依我们的理解,它并不是从性质上分类的一种独立的文体,只是以篇幅短小、笔调闲适而得名的。至於内容,无论哪种文体,都可以用小品文的形式来写,论辩文自然不是例外。用之得宜,有时也能得到"偏师制胜""寸铁杀人"的效果,比较普通的论辩文,可无多让。不过较复杂的问题,它就无能为力,不得不让正式的论辩文独步了。

近来,关於小品文曾经引起一个论争,读者当还记得。所争的问题在於小品文的内容,不在於小品文的形式。关於这种形式的采用,双方都不反对。林语堂先生写了一篇《论小品文笔调》的文章,表明他也是不赞成"小摆设式之茶经酒谱之所谓'小品'"的。他说:

> 语丝之文,人多以小品文称之,实系现代小品文,与古人小摆设式之茶经酒谱之所谓"小品"自复不同,余所谓小品文即系指此。且现代小品文亦与古时笔记小说不同。古人或有嫉廊庙文学而退以

"小"自居者，所记类皆笔谈漫录野老谈天之属，避经世文章而言也。乃因经世文章禁忌甚多，蹈常袭故，谈不出什么大道理来，笔记文学反成为中国文学著作上之一大潮流。今之所谓小品文者，恶朝贵气与古人笔记相同，而小品文之范围却已放大许多，用途体裁亦已随之而变，非复拾前人笔记形式便可自足。盖诚所谓"宇宙之大，苍蝇之微"无一不入我范围矣。此种小品文，可以说理，可以抒情，可以描绘人物，可以评论时事，凡方寸中一种心境，一点佳意，一股牢骚，一把幽情，皆可听其由笔端流露出来，是之谓现代散文之技巧。

故余意在现代文中发扬此种文体，使其侵入通常议论文及报端社论之类，乃笔调上之一种解放，与白话、文言之争为文字上之一解放同其意义也。余意若郑元勋《文娱》、刘士镂《古今文致》、陈练儒《古文品外录》等明人所选"外道"文章，内中亦大有佳品，差足见出"小品文"之用途及范围非可以笔记偶谈漫抄丛录等尽之也。（点是我加的——编者。）

——见《人间世》第六期

在林先生的说话中,他说他"所谓小品文"是"现代小品文","不同"於"古人小摆设式之茶经酒谱之所谓'小品'";他说"小品文之范围,却已放大许多,用途体裁亦已随之而变";他说他"意在现代文中发扬此种文体,使之侵入通常议论文及报端社论之类,乃笔调上之一种解放"。这几点,我们是同意的。不过我们要请读者注意下面三点:

(一)非"小摆设式"的小品文可以使它"侵入通常议论文及报端社论之类",并且也有它的长处,但"通常议论文及报端社论之类"所处理的有些问题——如需要复杂的推理及丰富的材料的问题——小品文是不能胜任愉快的。

(二)小品文的"用途体裁"既是随着它的"范围"的"放大""而变",我们应该从客观的现实中摄取种种真理来充实小品文的内容,以促进它的"用途体裁"的变化,不要尽向"明人所选'外道'文章"中去讨生活,虽然"内中亦大有佳品",因为他们的时代总是和现在不同的。必须这样,论辩文才能够获得一种新的方式;也唯有这样,小品文才能够取得新的体裁。林先生在上引的文章开始说过:"或称人曰,某书法学赵学苏,皆是骂人的话。"又说:"若与前人悉同,曰摹曰拟可耳。为文亦然。"想来当不会赞同人们向明人选集中讨生活吧。

(三)文章的"笔调"或有"闲适"和"庄严"的不同,但文章的须表现现实,适合逻辑,则无论"大品文"或"小品文"都是一样;因此,我们关于普通的论辩文的写法,还是可以适用的。

关於小品文的话就在这里带住吧。

第四章　论辩文与逻辑

论辩文与逻辑有密切的关系，在上面两章的说明中已经可以充分看出来了。我们从建立命题起到写成论辩文的最后一句止，无时不需要思维，即无时能够离开逻辑。没有正确的思维，就无法能够写出正确的论辩文；没有正确的逻辑，就无法能够正确地去运用思维。几多论辩文不能充分写出客观的真理，主要的原因是由於作者没有把握着正确的思维方法，表现技术的不高明尤在其次。

我们在上面两章，虽是部分地随时地指出论辩文在其写作过程中与逻辑有怎样的关系，并介绍了普通所用的推理方法及其缺点，然而还没有整个地系统说明逻辑本身的演进，指出要写成正确的论辩文应当怎样去思维——即应当依据怎样的逻辑去思维。因为这个缘故，我们觉得有另写这一章的必要。但是，我们所要写的不是逻辑教科书，关于逻辑本身的各种问题，自然无须一一地去详细说明它们。所以，我们所要说明的，只以足够论辩文的需要为限。因此，可以说，本章是站在写论辩文的观点来观察逻辑的。

第一节 形式逻辑的发展及其缺点

形式逻辑的发展

形式逻辑（这里指演绎逻辑）的真正地形成一个体系、一个正式科学，是在资本主义发生以前的希腊时代；而它的传播于全世界，则依靠着资本主义的普及。它同时也依着资本主义的需要而变更了它的面目，以归纳逻辑的姿态而出现。然而它的根本原则依然支配着归纳逻辑，因此，归纳逻辑虽然比演绎逻辑进步一点，但还未完全脱离其形式的窠臼。所以，普通还把归纳逻辑看作广义的形式逻辑之一部。这里所谓"形式逻辑的发展"，就是指广义的形式逻辑之由演绎逻辑到归纳逻辑的发展而言。

人类在他能够思维的时候，就已有了思维法则的实质存在。但它要发展成为明了的法则，形成正式的科学，必须到了社会经济有了一定的发达的时候，才有可能。形式逻辑所以必须到了希腊时代才由亚里士多德建立起来，就是因为这个缘故。亚里士多德继承了他的先驱者的成果，明白地提出了三个思维的根本法则——同一律、矛盾律和排中律；根据着这种思维律的根本精神，而建立了所谓三段论法的思维形式的构造。他这样地大体把形式逻辑建立起来了。直至培根以前，形式逻辑虽有不断的发展，只是补充或抽绎亚里士多德的根本范畴而已，并不是对它有什么根本的改造。

演绎逻辑只停留在事物的外部去思维，并不深入於事物的内部，因而把事物看作孤立的、静止的、永远不变的。这自然只能反映着事物的外表的形式，不能看到它们的内在的矛盾，所以称为形式逻辑。它的概念虽然有"外延"和"内包"两方面，外延固然是指那概念所适用的个别的事物之数的总和，但内包也是指那种事物的属性之数的总和。对於那些特性的内面的联系，它是不过问的。并且一度由事物抽象了它的特性而构成概念之后，以后的判断推理便只是思维单独活动的任务了。即是演绎逻辑只依据思维原则，由概念去进行判断，由判断去进行推理；在判断和推理的过程中，它是完全离开客观的、现实的事物的。因为这个缘故，形式逻辑就成为形而上学的世界观之必然的方法论，它自身也只有站在这种世界观的基础上才有可能。这种的思维，等於"闭门造车"，所得的结论与客观世界一致与否，是没有保证的。但它也不过问；其实，它已经离开客观世界的事物，也是无法过问的了。因为它不问客观世界而只在思维自身中做功夫，所以，形式逻辑是观念论的。

形式逻辑三法则的内容及其批判

关於形式逻辑的思维形式的构造——三段论法——我们在第三章第二节中已经说过，这里无须重复。现在且来看看它的三个根本法则是怎样的东西。

第一个法则是"同一律"。同一律要求着把任何对象、任何内容，当作和它自身同一和它自身相等的东西去观察。它的定式为"甲是甲"或"甲等於甲"。照普通的解释,一物就是一物,非他物;一事就是一事,非他事。所以,孔子就常是孔子,资本主义永久是资本主义,不能忽彼忽此、变动无常,不然就无法把握那一事物而获得认识。所以,同一律要求着在关於某一对象的我们的推理过程中,我们必须不断地在那个概念之中装入同一不变的内容。不这样,形式逻辑就无所施其技了。

然而,客观的事物是自始就变动不居的。即拿孔子来说,孔子生年逾七十岁,他的身体、性格、地位、声望,自少壮以至老衰,不知曾经几多变化。为"乘田委吏"的孔子,未必同於为"司寇"的孔子;周游列国的孔子,未必同於杏坛设教的孔子。孔子问礼於老聃,有些儒教徒不承认为事实,究竟是不是事实姑且不问,而否定其为事实的理由,正以为孔子圣人不必会去请教道家的老子。这就是所谓"天纵"的不变的观念在那里作怪。再看资本主义吧。资本主义在它的发展过程中,由工业的资本主义变为金融的资本主义,由以自由竞争为特征的资本主义变为以独占为特征的资本主义,这是很明显的客观的事实。如果看不到这种变化,只固执着前期的资本主义的概念去观察它，必然不会了解帝国主义的特点。如果固执着资本主义和封建主义对立时它的进步，来估价它已入於腐朽期的资本主义，就必然要歪曲当前的现实，做出错误的结论了。有些形式逻辑家也承认事物的变化，以为同一律所指的是"差别中的共同点""变化中的连续性"，但是这种所谓"共同点"或"连续性"是极其抽象的东西，即抽象到成为脱离了差别的变异的实物的内在联系性、连续性以外去了，所以不成其为辩护。

第二个法则是"矛盾律"。矛盾律是用消极的形态来主张同一律的。因为既承认事物永远同一於它自身，就不能给它以肯定判断又同时给它以否定判断。亚里士多德把逻辑的这个根本法则做成如下的定式——"同一的表辞对於同一的主辞，在同一的时候与同一的意义上，不能被肯定又被否定。"——普通的定式为"甲不是非甲"或"甲是乙，同时不能是非乙"——这两个判断中必有一个是错误的。例如最新的物理学，说明了原子是可分解的东西。原子的组织好像一个很小很小的太阳系，在它的当中，阴电子是以一定的速度运动於阳电子的周围。於是,"概念论的物理学者,在这种很重要的物理学发见之中,看出了'物质消灭'的证明。在这个场合,他们是根据适用於自然的形式论理学的矛盾律的。他们说,物体是从不可分的粒子成立的呢,或者原子自身是带有电气性的无穷的复杂的构造物呢,二者必居其一。若果是前者,物体是物质的;如果是后者,就没有原子,也没有物质。……'不知'原子对於各个化学原素,当作特殊的、实在的构造物存在着,同时是'可以分割',在其内的电气的构造上是极复杂的东西"(西洛可夫等:《辩证法唯物论教程》,四九四至四九五页)。又如"托拉斯"是由自由竞争中生长出来的东西,它对於别的托拉斯在从事更大的自由竞争,但同时它是独占的东西,等等。这是客观的事实,也是好像故意地在和形式逻辑的矛盾律开玩笑的事实。在形式逻辑家,当然不会觉得困难,因为他是把事物抽象成为离开实际的概念,一经构成固定的概念就不理会事物的变化发展,自然可以看不见矛盾的。然而也因此使形式逻辑永远不能够反映客观世界的真相,使形式逻辑成为空虚的概念的游戏了。

第三个法则是"排中律"。这是再发展着矛盾律和同一律，用积极形态去主张同一律的。它主张在判断一事物时，"是"或"否"都是绝对的，两者之间不容许有包含相反於这两个判断的第三种判断的可能；写成定式，就成为"甲是乙，或者不是乙"。因为如果有第三种判断存在，这种判断便居於两个绝对矛盾的性质之中，成为矛盾的判断；这样的判断是不能成立而被排斥的。从前俄国曾经争论过农民是不是阶级的问题，依照排中律的见解，对於这个问题，只能给以两个互相排斥的解答——是阶级或不是阶级。这种解答中之一，不能不含有真理；第三种解答预先就被排除着。然而后来的事实却证明了第三个解答——在沙皇统治下的农民，一方反对封建一方发展着资本主义的关系的农民，当作分化并分解为种种社会集团的阶级去观察之解答——是正确的了。又如照这法则的见解，生物不是植物就是动物，然而事实却有介於两者之间的东西。因为事实是关联的、发展的、常在过程之中的，不能孤立地、截然地去给它们分出一个毫无出入的、明白的界限，像形式逻辑所做的那样。

这三个根本法则，既这样地不适合於客观的世界的真实，那么，建筑在它们上面的形式逻辑也必然不能把握客观的真理了。如果尽管在思维中去转圈子，不管客观的世界怎样，还可暂时不成问题；若一旦去实践，去与客观事实接触，就立即到处发见破绽，觉得这种逻辑不适用。培根的归纳逻辑的建立就是最好的历史上的证明。我们在第三章第二节也看到演绎推理的毛病。我们做论辩文的目的，主要是要阐明客观的真相，给一些实践行动的指南针，不是闲得无聊，要拿概念的游戏来消遣。所以，我们必须采用能够帮助我们去了解现实的逻辑。然而这一点，形式逻辑是显然办不到的。

在希腊建立起来的形式逻辑，不但为中世纪欧洲所保存，而且还发展得更形式更烦琐了，这是因为它的静止的、不变的、观念的精神适合於中世纪的封建组织和宗教的教义。於是形式逻辑遂和烦琐哲学一起在词句和技巧方面发展起来。及至封建经济崩溃，商业交换关系扩大，要求着手工制造的工业发展的时候，当时新兴的资产阶级为应付经济变革的要求，他们在生产中要求着新的技术，因而要求着能够促进新技术的自然科学的发展，同时在哲学上也要求着能够从理论上给与变革合理化的根据，而烦琐和定型化了的形式逻辑实在没有能力去满足这些要求，於是这些要求就促使新的能够把握现实的逻辑产生出来。那就是培根所建立的新的理论方法——归纳逻辑。

归纳逻辑的建立者培根曾经说过："如果在物质世界——陆地、海洋、游星——无限地被扩大、被认识的时代，智识世界（即知的领域）还依然停留於古代所支配的界限内，这是对於人类的侮辱。"（见王特夫《论理学体系》，二七一页引）从这几句话可以知道当时对於旧的形式逻辑怎样地不满。所以，在这样的需要和不满的空气当中产生出来的新的逻辑，必然地是和形式逻辑相反的。所以，归纳逻辑的唯一特质，确和形式逻辑的纯任主观相反，是在从客观世界找寻它自己的因果法则，用它自己的因果法则去研究和认识它自己。归纳逻辑的五法——求同法、求异法、同异交得法、共变法、剩余法——都是基於这种精神而建立起来的具体的方法，都是用来研究和认识客观世界的因果法则的方法。

归纳逻辑没有推翻演绎逻辑的三个法则

归纳逻辑的五法，我们在第三章第二节说明归纳推理的时候，已经介绍过了，现在可以不再说它。这里所要说明的是归纳逻辑有若干地方比演绎逻辑进步及它没有推翻演绎逻辑的三个法则。

先说归纳逻辑比演绎逻辑进步的地方：

第一，归纳逻辑把它的研究方法从主观移到客观，从单纯的思维移到实证的经验方面。演绎逻辑是"闭门造车"地在主观的思维中兜圈子，而归纳逻辑则超越这个圈子，向客观事物去找它们的法则。即是说，它用求同求异等方法，从我们所经验和观察以至实验的现实材料中，将其类同或差异之点加以综合组织，从中得出一种初步的事物法则，并再以其大体的标识的关系推及於一般现象，来更广泛地证实那类似或差异的法则，求出客观世界的因果法则。这是比演绎逻辑进步的。但是，归纳逻辑在它运用求同求异等方法的时候，还只看到事物的表面，只看到它们有无某种特征，而没有注意某种特征在其对象事物内部与其他特征的互相作用和关系。

因此，不免陷於形式逻辑的形式的窠臼。

第二，归纳逻辑比演绎逻辑更着重於因果关系，并且因为它是从客观事物去找求它们的因果关系，故比演绎逻辑单在思维中由三段论法去推演出来的因果关系要确实得多。然而因为归纳逻辑还是单把对象当作个别的东西、和其他事物没有联系的东西去观察，因为它的求同求异只是从量方面去计算它们的总和，所以，它所看到的因果关系、所获得的因果法则，还不能尽量近似地反映着客观的因果关系及其法则。

第三，归纳逻辑也离不了演绎，因为它所据以演绎的大前提是由归纳得来的东西，比演绎逻辑单据主观的既定的原则确实得多。这也是归纳逻辑比演绎逻辑进步的地方。

不过，归纳法在思维的形式，从形成概念开始，由概念结合而构成判断，结合判断命题而为推理式等等，并不是和演绎逻辑的思维形式相对立的，反而是因袭着演绎逻辑的一般法则的。尤其是对形式逻辑的所谓同一、矛盾、排中三个法则，依然是无条件地继承着在应用的。比方说，它在用求同求异等方法之中，把事物看作孤立的，只看特征的有无，只做量的总计不问质的关系等等，都可充分证明它还是站在演绎逻辑的三个法则的基础上去研究事物的。总而言之，归纳逻辑虽然比演绎逻辑进了一步，接近了现实一步，但因它在思维形式上没有脱离形式逻辑的圈套，在根本上依然以形式逻辑的三个法则为基础，所以它还不能够说明发展和矛盾的客观事物，不能够正确地去把握客观的真理。结局终於和演绎逻辑一样，属於形式逻辑的范畴，终於要为辩证逻辑所克服。

这样看来，归纳逻辑对於论辩文的帮助还是很少的，因为它不能保证你达到把握真理的目的。在做论辩文的预备工作的第一步——建立命题的时候，形式逻辑是无能为力的，因为这时我们需要观察和分析客观事物及其关系来建立我们的命题，不需要由概念、判断等去抽绎出命题。归纳逻辑虽然比它更进一步，但它也只能停留於事物的表面，不能深入其中去发见事物的内面的关系。如果依据它去建立命题，那么得出来的命题也只能反映着事物的表面的关系，还不能满足我们的要求。因此，我们不能无批判地去利用归纳逻辑的推理方法，是很明白的了。

但是，我们不能责备归纳逻辑，因为它的发生、发展以至没落，也和形式逻辑一样，为当时社会的发展阶段所规定。在希腊时代，主要是奴隶经济社会，等级身份日趋於固定，自然科学只有某些初步的知识而且多属於玄想的而非实证的，所以对於自然事物的真正知识仍是一些片段的、单一事物的、部分的理解，所以只能够产生那种观念的、形式的演绎逻辑。它经过中世的封建社会而益发烦琐化、形式化起来，到了封建社会的崩溃而丧失其权威。归纳逻辑也是如此。它是随着新兴资本主义的兴起而诞生的。但是，当时的自然科学还只是片段地发见自然事物的部分的规律，还在搜集材料的过程中，所以，归纳逻辑也只能由单一事物的理解起手，成为那样的只停留於事物表面而不能深入到它们的内部关系的东西。后来资产阶级的革命成功，也同时地需要保守，需要承认它的社会的美满，於是那静止的和固定的观点成为这一阶级的中心思想，所以以反形式逻辑而诞生下的归纳逻辑，也至多能够走到经验主义为止，即进一步，也不能越出观念论的范围。黑格尔的辩证逻辑的所以还掩蔽在神秘的外衣之下，就是一个很好的证明。

以上说明了形式逻辑的发展及其缺点，照常序应当进而说明辩证逻辑的发展，但我们觉得对於前章所提及的"因明"有略加批判的必要，故在这里附说一说。为什么呢？因为一来因明的建造由於悟他，即由於说服论敌，因此对於"能立""能破"一样致意[①]，有许多地方可为做论辩文的人参考。例如所谓"论体"（凡立论须明示其主意之所在），"论处"（慎择议论之处，必须对方是可与论争的人，并能得到适当的审判者），"论据"（须有充分的根据，方可与人论争），和"论庄严"（辩论态度须十分庄严）等"七因明"（这个用语不大妥当——编者），以及关於问答的所谓"五问四记答"之类，都可供参考。二来，近来有些人在讲解因明，也有人说佛教是最彻底的辩证法（如王季同先生等的《唯识研究序》，虽然是指整个的佛教哲学而言），故须对於因明加以估价。

第一章说过新因明把古因明的"五分作法"改为

---

① 原文如此，意谓"传致意念"。——编者注。

"三支作法",并举示它的论式;现在即就三支作法来说。为说明方便起见,再抄如下:

宗　声是无常。
因　所作性故。
喻　诸所作者见彼皆无常,譬如瓶等。

这个论式,如果我们把宗、因、喻的顺序倒转过来,就很似三段论法的论式。三段论法的正确与否,单靠形式上是否犯了它应守的五条规则;那五条规则,又专注意於形式上的问题。因明的三支作法和三段论法不同。它的正确与否,换句话说,即是"宗"的能否成立,全看所谓"因的三相"是否完备。而因的三相并不专从形式上着眼。什么叫作"因的三相"呢?就是①"遍是宗法性"、②"同品定有性"、③"异品遍无性"这三种相。略加解释如下:

第一,"遍是宗法性"是说因所指的事具备遍为宗的法的性质。这里所谓"宗",是指宗的"前陈"——即主辞——而言;所谓"法",是指"属性"而言。因此，翻译为现在的话，就是说，因所表现的事具备遍为宗的主辞的属性的性质，换言之，即宗的主辞所指的无论是什么事物，数量多少，必须一一具备着"因"所表现的事。就上面引例说，就是"声是无常"这一宗中的主辞"声"，必须尽具"因"所表现的"所作性"。不是这样，论式就不能成立了。因为"所作性"既是声的，所以是"无常"的原因；如果声这东西有一部分不具"所作性"，那么，我们就不能全称肯定地断定"声是无常"的了。

第二，"同品定有性"是什么意思呢？所谓"同品"，是指事物和宗的主辞一样具有宗的"后陈"——即"谓辞"（或表辞）——而言。就上例来说，凡事物具有"无常"的属性者，就是宗的"同品"；没有这种属性，就是宗的"异品"。所谓"同品定有性"者，就是说，宗的同品的事物，定须有些具有这因所指的事。具体地说，就是"声"的同品如瓶等之类，必须有些东西具有"所作性"。能够凡属同品都具有它最好，但只有一部分同品具有它也无妨。如果同品无一具有这种属性，那么，我们就不能断定宗的主辞之必具它的"谓辞"所表现的事了。拿上例来说，如果声的同品如瓶等都无具有所作性，可见"所作性"和"无常"是两不相关的，那么，我们又怎能根据"所作性"来断定"声是无常"呢？

第三，"异品遍无性"是谓凡是宗的"异品"，遍无这因所指的事。这是从反面来说的。如果宗的异品有一种具有这"因"，那么，安知宗的主辞不是和它的异品一样，虽具这因而没有"谓辞"所指的事？具体地说，如果声的异品如虚空等有一具有所作性，那么，我们怎能够根据所作性去断定"声是无常"呢？因为异品即"非无常的东西"已有一种具有所作性，又安知声不是和它同样，既有所作性又是"非无常"的？

因明是介於演绎逻辑和归纳逻辑之间的

因明是根据这三相去检查它的论式的正确或不正确的。在检查的过程中，虽不必尽举宗的主辞所包含的事物，宗的同品和异品的事物一一去检查（这也是无可能的），但至少必须就那些事物的相当数量（认为足够以证明断定的正确性的数量,这自然是主观的认定)去检查。在这一点,因明就和演绎逻辑有点不同了。它不像演绎逻辑,单在论式中的概念和命题等上面做功夫,它除了检查"宗"(主辞)是否遍有"因"的所指的事(就说这是建立"声有所作性"这个命题,恰和演绎逻辑的小前提相等)以外,还须就宗的同品及其异品所包含的事物去检查是否"同品定有"及"异品遍无"。这就使因明类似於归纳逻辑了。在因明虽说没有明白指出所谓同品和异品是客观事物,抑是事物的概念,但从它论"宗过"(这里所谓宗,是指"前陈""后陈"结合后的整个的宗,如"声是无常"之类;"宗过",就是谓宗这个命题的谬误)中,有所谓"现量相违"(即和世间五官所感觉的真正知识——"现量智"——相违背,如说"声非所闻"之类),论"比量"必以"现量"为根据,可知因明不是完全离开客观事物去推理的。

这样看来,因明这种逻辑既不尽同於演绎逻辑的离开客观事物去推理,也不尽同於归纳逻辑的明白指示就客观事物去推理;公平地说,它是介在於演绎和归纳两种逻辑中间的一种逻辑。关於烦琐这一点,因明也不让於形式逻辑,单就"宗过"一类,依《因明大疏》所说,已有二千三百四种之多,通通记忆起来,徒费脑力,显然没有什么益处。

至於说佛教是最彻底的辩证法,这是说者"一厢情愿"的说话,毫无一些根据。不错,佛教的哲学思想是有些片段的辩证法的思想,但那些东西并没有建立成为一个体系,说不上辩证法,更不要说彻底的了。就是那些带有辩证法的性质的思想,在因明中也没有反映出来。所以,因明是说不上什么辩证逻辑的。

所以,由论辩文的见地看来,因明的推理本身对於论辩文的帮助,不会超过演绎逻辑以上;倒是因明关於论辩的种种说话,可以做写论辩文时的参考。除了上面说过的"七因明"和"五问四记答"等之外,还有许多可供参考的东西,最显著的,例如:

(一)论"宗过"中,指出立论违背自己所依宗义的"自教相违",一点不讳言党派性(广义的);指出"依遍许宗,或随他立"(即立论为人人所承认的常识或做他人言论的应声虫)的"相符极成"(相符合的至极成就),系毫没有立论的效果。

（二）论"真能破"时，主张"立量破"优於"显过破"。换句话说，建立自己的命题，拿它和论敌的命题对立来驳倒它，比较单从论敌的议论中找出毛病来驳斥它，要好得多；因为用后一法，论敌还可另找论据，重振旗鼓，若用前一法，论敌就没有再起的可能了。

（三）因明论"六因"时（这里所谓"因"是广义的，指"凡所以致论敌之悟了者"而言），指出立论者须具三"生因"（因为生起论敌的悟了，所以叫作"生因"），即须有立论的言论，这叫作"言生因"；其所言的须为正常的义理，这叫作"义生因"；须具足以识取这义理的智力，这叫作"智生因"。同时，论敌方面须具立"了因"（因为能够了解立论者的议论，所以叫作"了因"），即：须具有智力可以悟了立论者的议论，这叫作"智了因"；须有为其智力所了解的义理，这叫作"义了因"；又须听到或看到那传达这义理的语言文字，这叫作"言了因"。合算起来共称"六因"。生因以言生因为最重要，了因则以智了因为最重要。这不但指立论者不能忽视自己的言辞，而且指示他不能不注意论敌的智力。……这些都是对於做论辩文的人有帮助的。

第二节　辩证逻辑

辩证逻辑的发展

辩证逻辑，从其成为一个体系说，固然成立於形式逻辑之后，但从其滥觞说，则发生於形式逻辑之前。当希腊自然哲学全盛时代，辩证的思维早就出现了。赫拉克里特就是首先用不完全的辩证方法去思维自然事物的。他承认"万物都在流动"，指示"真正的存在是过程和运动"，以为实物的原始的"属性"就是运动。这种思想随着社会变动，为那适合於中世的特殊社会条件的形式逻辑所压倒。经过了康德、费希特而至黑格尔，辩证逻辑才以观念论的形式由黑格尔而被形成一个体系。

黑格尔是一个观念论哲学的集大成的哲学家，他不承认思维是客观世界的反映，反而以客观世界为绝对精神的"外在"。因此，他把辩证逻辑包上一层神秘的外衣，而放在思维之中去发展。因为他否定那离开意识而独立的、又是意识的源泉的物质世界的存在，因此，结局成为自己的思维的俘虏。观念论者的思维，不反映自然及社会中现实的过程，而迟早要做出并组成和现实相冲突的自己的图式。尽管黑格尔往往站在当时科学发展的先头而前进，然而他并不曾减少与现实的冲突。黑格尔注意到他的主张与事实相矛盾的时候，他回答说，事实的方面是坏的（*西洛可夫等：《辩证法唯物论教程》，一五三页*）。因为他本来就认为客观世界是绝对精神的"外在"的缘故。所以观念论的辩证法如果要向前再进一步，就非把它的观念论的神秘的外衣剥下来不可。剥下了黑格尔的辩证法的这一外衣，而使观念论的辩证法变为唯物论的辩证法的就是马克思。

唯物论的辩证法是多方面的，它是一种哲学，是一种认识论，是一种方法论，也是一种逻辑。不过，不要忘记这些方面是有着密切的内面的联系的，不是各不相干的。从论辩文作法的观点来看，自然要着重於作为逻辑的唯物论的辩证法方面，但是其他方面也必须相当顾到。因为没有正确的哲学立场，没有正确的认识方法，没有正确的方法论，就是懂得辩证逻辑的根本法则，也是写不出正确的论辩文来的。许多被称为辩证法家的所以不免陷於错误，正因为他们只在几条根本法则上做功夫的缘故。

近来辩证法真是"最时髦的科学方法"（王季同先生语）了，甚至连佛教信徒们都在企图用它"装金"他们的"泥菩萨"——佛教了。然而我们这里要说明它，却不是因为它是"时髦"，而是因为它很"得用"。因为我们上面讨论过其他各种逻辑，觉得都不大得用，不能给我们解决问题——自建立命题以至於推理论证，这使我们不得不向辩证逻辑找求解决的方法，就是有点趋时之嫌，也顾不得许多了。

辩证逻辑的根本法则

我们上面说过，形式逻辑的三个根本法则是建立在形而上学的观点上面的。在形而上学者看来，自然和社会中的事物是孤立的、凝固的、不变的，因而是"自己同一"的。在他看来，事物和事物中间好像有万里长城把它们隔开着似的，各不相关联；如果一物和他物有所接触，那只是外部的表面的关系，运动只是由於外来的力的变化。这就是形式逻辑的"同一律"的根据,其他二律可以说是由它推演而得的。

辩证逻辑的根本法则恰与之相反,它们是被建立於辩证唯物论的世界观之上的。这个世界观首先承认有离开人类的意识而独立存在的客观物质世界,人类自身就是客观自然的产物。人类的思维是人类的头脑的产物,思维的内容则是客观世界的反映。我们虽然不能够一时地、全部地而且吻合无间地反映客观事物及其关系,但是我们能够依着"实践"渐渐地、近真地去反映。这个世界观承认物质世界是运动着的,运动就是它的存在的形式;而它的运动的动因就是存在於它自身内面的矛盾,由於这种矛盾的斗争而运动、而发展。它的运动是"自己运动",并不是由於什么精神的"外在",也不是出於什么神的意志。构成这个自己运动的客观世界的事物是互相关系、互相作用、互相转化的,不然就不能运动。

因为人类的思维是客观世界的反映,所以在思维中的事物的概念及其关系,就不能不是客观事物及其关系的反映。思维的法则也必然是客观世界的运动法则的反映。固然思维并不是像"照相机"似的只有受动的反映,而是自动地去反映并且加工,然而,无论怎样的自动的加工,它终归是不能违背客观事物及其关系的发展法则的。因为这个缘故,客观世界的运动和发展的根本法则同时也就是辩证逻辑的根本法则,就是我们依以认识和变革世界的最犀利的工具。

这样说来,好像是很深奥似的,其实,人类在实践生活中,老早就实际地应用着,到处在应用着。例如捕兽用陷阱,捕鱼用网罟,陆行用车,水行用舟……这些都是明白了事物的性质之后,利用它们的性质创造出来的。

辩证逻辑的法则,根本的有下列三个:

(一)对立的统一和斗争之法则;

(二)质和量的相互移行之法则;

(三)"否定的否定"的法则。

但是,这些法则并不是同等的东西。就中,第一个法则是最根本的法则,第二和第三两个法则都是从另一方面来观察"对立的统一和斗争"的结果的。如果我们不分轻重,"一视同仁"地把它们并列起来,那就错了,结局必至不能把握客观世界的发展的中心。

以下，就照上述的顺序给以概略的说明。（最近斯大林又於《联共党史》中更进一步把它更通俗显豁地分为四个法则，可参考。）

对立的统一和斗争的法则

我们上面说过"物质的运动"是"自己运动"。辩证逻辑就是把主要的注意用於"自己运动"的源泉的认识，这样地去理解运动的。什么是自己运动的源泉？辩证法回答道：自己运动的源泉，是一切存在的事物的内的矛盾性。自最简单的原子到人类社会的最复杂的事情以及人类脑里的最微妙的思维，举凡一切事物、一切现象，没有一个不常是陷於内的矛盾性的。世界上无论什么东西，没有一件是内面地完全同一、是没有矛盾的。在各个事物的内部有着种种对立着的要素，就是这些要素创造出事物的矛盾性来。一切事物、一切现象领域分成互相排除、互相对立的各个部分——这件事就成为辩证逻辑的无条件的法则。像发展和运动是绝对的一样，互相排除的对立物的斗争也是绝对的。

因此，各个事物、各个现象领域就是内包着对立的部分、侧面、契机、倾向等的复杂的全体。一切事物是对立的原理的统一，是对立物的统一。对立物的统一，和那排除事物的一切区别的所谓抽象的同一性，必须严加区别。在实在世界，抽象的同一的东西、抽象的同一性绝不存在。实在世界，有的是物体的同一性，即不排除对立物的区别，倒是内包着这种区别的同一性。拿实例来说吧，人生下来，生活着，成长着，老衰下去，以至於死亡。人不单是存在，宁可说是在生成着，换句话说，就是由发生而消灭。所谓"自然不存在而是由生成而没落"，所谓"生就是死"，也是这个意思。因为所谓生命的有机的过程的本质的内容，就是指细胞的一部分死灭，另一部分新的细胞产生，含生的有机体这样地不断地更新着这件事而言。所以，生的否定，本质地就包含於自身之中。生是必须关联着死来思维的。

这个道理，对於其他的东西也可以适用。一切运动包含着内的矛盾性。就是空间中的最单纯的力学的位置之变化，也是矛盾使然的。所谓物体的运动，就是在一定的各一瞬间，那物体在於某一定点同时又不在於那一定点之谓。这物体是通过那点而运动着。所以，运动本身就是矛盾。这样的例，实在到处都有：在数学，有正和负；在力学，有作用和反作用；在化学，有原子的结合和分解；在电气，有阴电和阳电……一向被认为是不可分解的原子，近来已经知道是阴电子和阳电子所组成，一粒原子就是一个"具体而微"的太阳系。这样，由於对立物的斗争而统一，统一又分裂而含着新的对立物，对立物又不断地斗争着。……客观世界，不但其全部这样，其部分也是这样的。——这就是客观世界的辩证法的根本法则。

物质世界的这一客观的辩证法，是作为主观的辩证法，作为人类的诸概念的矛盾性，而反映於能思维的人类脑子里的；必然性与偶然性，绝对的东西与相对的东西，抽象的东西与具体的东西，一般的东西与个别的东西等等的矛盾——即我们的一切概念的矛盾，都是物质自身的客观的世界的客观的矛盾的反映。然而形而上学者却把这矛盾看作他们不能解决的、绝对难於两立的对立物。对於他们，这是一种讨厌的问题。但在辩证逻辑家看来，这对立物不是讨厌的问题，而是可以用辩证法去解决的。辩证逻辑是适应於各种矛盾在客观的辩证法、在客观的现实性，被解决般地去解决这些矛盾的。它认为：偶然性是必然性的显现形态，必然性是通过偶然性的秩序而实现；一般的东西内包着个别的东西的特质，个别的东西也内包着一般的东西的特质；等等。像在客观的辩证法中一切东西服从着对立物的统一的法则一样，这里人类的诸概念的世界也受辩证法的支配。

在辩证法的统一的内部的矛盾的诸要素，不可看作两个互无缘分的、互相疏外的、无关联的侧面。因为这个缘故，"对立的统一的法则"又称为"对立的相互渗透的法则"，这是正确的。这种相互渗透，必须这样地理解才正确，即是：事物中的两个矛盾的要素，互相矛盾着，同时又不可分地紧密地互相关联着；因而一个侧面的排除，就惹起全体的没落。例如使用价值和交换价值任除去一方，就没有商品存在；这叫作"对立物的不可分性"。

存在於辩证法的统一的内部的对立的要素，成为这个统一的不可分的要素；它们不仅互相渗透着，而且它们中常有一个占着主导的地位那样地互相关联着。在两个不可分的对立的要素之间,必须指出统一的否定的要素;其他一个是成为统一的保守的、肯定的侧面的。例如,在构成物质的力学运动的引力和斥力之辩证法的统一中,斥力是统一的否定的侧面;在构成有机的发展的过程的遗传和适应之辩证法的统一中,恩格斯把适应看作否定的侧面,遗传看作保守的、肯定的侧面。我们可以把肯定的侧面当作辩证法的统一中的旧的东西,把否定的侧面当作新的东西来观察。只要否定的侧面是引导前进,招来历史的进展,我们是有权利来这样地观察的。

在辩证法的统一的对立的诸要素间,常起着斗争。所以不但对立物的统一、相互渗透及不可分性存在,而且对立物的冲突,它的斗争及其互相渗透,也是存在的。

辩证逻辑的任务,在这里,就在於发见事物中的对立物及其否定的要素。当我们适用辩证逻辑的这个根本法则时,尤须记住:"对立物的统一(合致)、同一、平衡,是有条件的、一时的、过渡的、相对的;而互相排除着的对立物的斗争,则像运动是绝对的一样,是绝对的。"所以,在辩证逻辑之中,"只有这个对立的统一的法则,成为理解'飞跃''渐次性的中断''向着对立物的转化'，旧的东西的绝灭、新的东西的发生的钥匙"。

质和量的相互移行的法则

基於对立物的统一的发展，表现为渐次的量的变化的形式；这种变化，结局要招来飞跃的质的变化。发生质的变化之后，又复归於渐次的量的变化，这时的变化是以新的质为基础而行的。辩证法的这个法则，简称为"质和量的相互移行的法则"，也称"由量到质及其逆的法则"。

一物停止其自己本来的存在而变成他物，例加水变成冰，这种变化叫作质的变化。辩证法承认这种变化是必然的。一物未至变成他物而只所与的质发生加强或削弱的变化[①]，叫作量的变化，例如水渐热而变成温水。什么叫质呢？质就是事物的最单纯、最根本的规定性，例如资本主义的质，就是"劳动力的商品化"。无论是

---

① 原文如此。——编者注。

产业资本主义也罢，是金融资本主义也罢，"劳动力的商品化"这种质是一样地存在的；如果这种质消失了，资本主义就不成其为资本主义了。事物的质和量的相互关系是依着一定的法则的。即是说事物的质的规定有一定的时候，量的规定也有一定的限度，并从量的规定内属於质的规定。换句话说，就是各种质都有独自的量与它相照应。例如封建经济的生产绝不能有资本主义那样的大量生产。事物的量的变化，在一定的界限内，可以不发生自己的没落而转化为他物，例如水普通在摄氏百度之内可以渐次增加热度，而不变为蒸气。但是这种量的变化是准备着事物的质的变化的。水的热度增加，就是转化为蒸气的准备。所以，物质或运动如果没有添加或削减——即如果没有量的变化，就不能够发生物体的质的变化。

事物的量的变化是行於一个过程之内的，但事物的质的变化必然要关联到停止自己本来的存在而变成他事物，那就要由一过程移行於他过程了。这种变化是不可避免地要带着大动摇，带着飞跃的性质的。所以，由量到质的移行是飞跃的——这是辩证逻辑的最重要的命题。这个命题已经由自然及人类社会的一切历史把它证实了。水热到百度就开始飞跃地变为蒸气；又逐渐冷却达到零度，水就转化为冰。社会的变革也是如此。

事物的飞跃的质的转化的过程，若把它看作仅仅是"外被"的交替，以为这时候事物还仍然是它自己，这是错误的。这时，实际上是发展的中断，而且这中断不仅是形式上的，就从内容上看，也有着旧的东西与新的东西之间的切断。在本质上，有着旧的东西的死灭，另一新的东西的诞生。即是，旧的东西与新的东西之间有着飞跃，有着"渐次性的中断"横在那里。然而我们不能停止在这一点。我们虽然承认新的质与旧的质之间的中断，但我们不可忽略：新的东西还是为旧的东西所准备了的，为走向生活所准备了的。所以新旧两者之间还有着一定的关联——有着连续性。继起的两个不同的社会是不同的社会，然而它们的一切在其历史的继起性上造成人类的关联的历史。水—冰—蒸气，或幼虫—茧—蝶，一切这些是在质上相异的东西，但以发展的一个连锁被结合着。这样，发展是中断的而又是连续的。连续的发展是以发展中的飞跃为前提，而发展中的飞跃也以先行於它而且惹起它的连续的发展为前提。在社会中，进化的过程与革命的过程的这种辩证法的统一，已经是极明显的了。一般庸俗的学者只认发展的渐进性，不识发展中的飞跃，根本是由於他们不明白质和量的相互移行的法则。

并且，发展阶段的继起性，在於各个低度的阶段是高度的阶段的准备。辩证法发见了这种事实，即更高度的各个阶段具有它自己的特殊的合法则性，这合法则性是不存在於它以前的低度的阶段，也不能够还原为那存在於低度的阶段的合法则性的。更高度的各个发展阶段，应当在其独自性去认识它，首先第一就须认识这个阶段的特殊的合法则性。所以，不能把高度的质还原为低度的质，不能把"质一般"还原为量。但是，同时必须知道：低度的发展阶段有过作用的合法则性，在高度的阶段里并不归於终局的死灭，而仅作为副次的东西而被保存着；发展的统一与连续性就在这一件事中表现出来。例如：封建社会的手工业的合法则性，在资本主义社会还是被保存着，不过不是支配的合法则性罢了。

辩证逻辑就根据着客观的辩证法的根本法则形成它

自己的根本法则，而用以研究客观事物，进行思维。根据这个法则，首先去发见客观事物的"质"，观察其质与量的关系，估计它们的量的变化，由这去推测由量到质的飞跃。所以，辩证逻辑能够给与我们对於事物发展的前途的洞见。伟大的政治经济观察家能够在1928年中就预断世界经济恐慌快要到来，就是善於运用辩证逻辑的结果。

否定的否定的法则

上面所说，是由一个质到它另一个质的移行，由一个对立物到另一个对立物的移行，由旧的东西到新的东西的移行；这可以看出，最初的质的否定导致旧的东西的绝灭了。然而由於认识其连续性这一点看来，又可见辩证法上所谓否定，并不是赤裸裸的放弃。这里所谓否定，就是跨过所与的发展阶段的意思，并不是把过去的东西一律放弃，而是：第一，保持着发展的关联；第二，於否定的东西之中，保持着被否定的东西之中所有的一切积极的内容，这样地放弃了过去的东西的。所以说，"在辩证法，其特征的本质的东西，不是赤裸裸的否定，不是乱七八糟的否定，不是怀疑论的否定，不是动摇，也不是疑惑；辩证法无疑的是内包着否定的要素，而且是最重要的要素——不，它是保持了积极的东西的，作为关联的契机、作为发展的契机的要素的否定……"因为客观的辩证法是继续不断地发展、运动，所以否定的东西达到了一定的阶段，必然地要转化为被否定的东西，而为更新的东西所否定。这样，不断地否定，同时是不断地发展，不断地把前一阶段的积极的内容保存而丰富起来——这就是否定的否定的法则。因为这种否定是保持其积极的内容而放弃其旧的东西，所以又叫作"扬弃"。

拿实例来说，比方这里有一粒麦种，播在土里，它就发芽，成长为一茎麦，这时最初的一粒麦种完全腐朽而消失——这是"否定"，一茎麦否定了那粒麦种。这一茎麦后来又开花结实，产生了数粒或百数十粒麦粒，及麦粒成熟，麦茎和麦叶就枯槁了——这是第二次的否定，麦粒否定了麦茎及麦叶；这一否定，就是否定的否定。这时，最初的一粒麦就发展成为"数粒或百数十粒麦"了。并且培养得宜，每一粒比最初的一粒还要优良。所以，否定的否定的结果，是由低度的阶段进於更高度的阶段。这种现象，不仅是麦，不仅是植物，举凡其他动物、人类乃至人类的社会都可以看到，不过只有形态方面、环境以及条件等的差异罢了。

这里必须注意的是，否定的否定这一法则，不消说它的建设者①有所取於黑格尔的思想——即黑格尔要通过对立的斗争去确证发展的法则的思想，但并不是接受黑格尔的"正、反、合"那所谓"三阶段说"。反对这一法则的人，企图从这一点来给这法则以攻击，例如说麦子的例不止二次否定之类，这只是表示他们对於这一法则的无知和机械的拘泥而已。

又须注意的，否定的否定的结果，外表上好像向着出发点的复归，其实并不如此，因为它的结果是进於更高度的阶段。

最后应当注意的是，否定的否定的法则在其本质上虽以发展的阶段性、一定的继起性为前提，但是那是以

---

① 原文如此。——编者注。

种种的发展过程的诸条件和诸事情的总体之巨大的意义为前提的。所以，辩证法，在某种具体地被指定了的场合，也充分地承认它能够不经过特定的发展阶段而飞跃。例如苏联领域内的一些民族可以不经过资本主义的道路而进於新的建设，就是很好的例证。

以上概略地说明了辩证逻辑的三个根本法则。因为我们不想在这里来专门研究逻辑，并且篇幅也有限，不能让我们一一来引例详说。其他如本质与现象的问题，形式与内容的问题，可能性与现实性的问题，偶然性与必然性的问题，以及绝对真理与相对真理的问题等等，也只好割爱不谈。读者如果觉得有兴味，就请自己去找书看。不过这里还有一个问题，还须交代几句，那就是辩证逻辑与形式逻辑的关系的问题。

辩证逻辑与形式逻辑的关系

由上面所述，我们可以看到辩证逻辑和形式逻辑的根本不同在於：前者是始终根据於现实的客观法则作为思维的法则，而后者则离开客观而专於主观的思维上兜圈子，甚至把一些逻辑的范畴也看作主观所固有的先天的东西。所以，形式逻辑的推理之适合於客观的情形的，只不过是由於人类的思维根本不能完全离开客观世界而独立，因而於不知不觉之间反映了客观的关系。这只能证明主观的思维不能完全离开客观的世界，并不能用来证明形式逻辑的正确。因此，形式逻辑遂不能不被辩证逻辑所扬弃。所谓扬弃，自然不是完全放弃，也不是像普列汉诺夫那样地，给形式逻辑划出一个势力范围让它去支配，而把两者调和起来；而是把形式逻辑的合理的因素，吸收而保存於辩证逻辑之中。*形式逻辑一被扬弃、一被吸收之后，就构成为辩证逻辑的有机的一部分，不是独立的存在；所以，就不能说什么场合可以应用形式逻辑的了。*（最近关於这个问题已有许多很好的论文，请读者自己去参考！）

论辩文由於它的本质上的要求，需要从客观事物的分析来得出它的结论，上面说过不止一次；因此，需要能够把握客观真实的逻辑。在这一点，辩证逻辑不消说，正是适合它所需求的逻辑。不过，运用这种逻辑，必须处处记住它的精神，要切实地向着客观对象去分析综合，依着客观的辩证法则得出结论来，并须证以实践上的经验。单单记住几个法则还是不行的。事实告诉我们，许多辩证论者因为没有彻底地理解辩证法的精神，结局歪曲了现实，犯了形式论的或机械论的谬误。从前偶阅李季先生的《胡适〈中国哲学史大纲〉批判》，见到他反对胡适之"替惠施、公孙龙等的诡辩做辩护士"的文字中有这样的一段：

> 就第三条（指"郢有天下"——编者）讲，郢是一部分，天下是全体，一部分怎能大於或同於全体，而说"郢有天下"？胡博士不从这上面着眼，反引庄子"天下莫大於秋毫之末而泰山为小"的开玩笑的话做比较，并解释道：
>
> "郢虽小，天下虽大，比起那无穷无极的空间来，两者都无甚分别，故可说'郢有天下'。"
>
> 拿郢和天下去同"那无穷无极的空间"相比，做出"两者都无甚分别"的结论，已经是十分勉强，不能自圆其说；由"两者都无甚分别"的结论

忽变为大有分别,即极小的郢包含着一个极大的天下,胡博士真会帮着变戏法!

——李季:《胡适〈中国哲学史大纲〉批判》,一三九至一四〇页

胡博士的解释固然不对,然而自称"在德国留学,获得一种唯物史观的观点与辩证法的方法"的李季先生的见解,却未见得比胡博士高明。(李先生只是用"胡博士真会帮着变戏法!"几个字一笔抹杀,没有提出自己的解释,所谓见解只是由他前后的文字看出来的。)为什么呢?因为李先生也区区注意於郢和天下的"大""小"。如果李先生明白全部和部分的辩证法的关系,明白全体的东西内包着部分的东西的特质,部分的东西也内包着全部分的东西的特质的时候,就不会机械论地区区去注意郢和天下的"大""小"了。李先生的"辩证法的方法"还是没有到家!还是在用形式逻辑去判断事物。

由这一例,可见辩证法这种东西,单说是"获得"而没有真实地把握住,还是没有用的。那么,必须怎样

才能把握住它呢?主要的是在实践中去把握,其次是多读真正的辩证论者的著作和论文,学习作者怎样在具体的问题中去把握客观的辩证法的方法;除此之外,是没有捷径的!

第五章 论辩文的文学的侧面

要写出一篇正确而动人的论辩文,第一要有正确而充实的内容,第二要有能够表现那内容的适宜的形式。内容和形式是论辩文的两个不可分离的侧面。然而内容是主导的,所以说内容决定形式。这是很明显的:论辩文要有一个中心命题,用它去统御文中所包含的思想,用它做标准去搜集材料并调整思想所附带的情感,然后才能构成一个完整的内容。这个内容是否正确,就看作者所用的逻辑是否正确。上面几章,主要的是从内容方面来说明论辩文应当怎样写的。章衣萍先生曾引过《长风》半月刊上金先生的《中国往哪里走》那篇文章中一段文字:

假使中国的将来一蹴而走进社会主义的路,那么私有财产制和相互的一切制度根本废除,这家族主义之孽当然失其存在。否则这出路的被发见难乎其难。我敢大胆地说,无论中国要走向资本主义或社会主义之路,都要以发展个人主义为初步途径。结论就是:僵了的中国,我们如果要它走动,那至少得先往个人主义的路走!

——见章衣萍《修辞学讲话》,七九页

这段文章的不好,不是文字上的不通,而是思想上的混乱;难怪章先生要说它"这在我们这些'文丐'看来,是不通的。因为'发展了个人主义',便不能走上'社会主义的路'。这是思想不统一的毛病"了。

王季同先生为周叔迦先生的《唯识哲学》做的序文中有一段说:

佛教何以是彻底的辩证法?依辩证法,没有抽象的真理。然而无论哲学家、自然科学家、社会科学家,他们的企图无非是要从他们所研究的对象里面求出种种定律。这些定律便是他们所认为的真理，而且没有不是抽象的。所以都不能不和辩证法矛盾。不但别的哲学、科学如是，辩证法的本身也不能不和它自己矛盾。这是黑格尔（普通译黑格儿——编者）、马克思以及任何哲学家、科学家都不免於辩证法的不彻底的缘故。无论怎样地描写，怎样地思维，都不能免於辩证法的不彻底。所以彻底的辩证法绝不能用语言文字描写，绝不能用意识思维。这个便是佛教的"无分别智"。无分别智是不能用语言文字描写，不能用意识思维的。所以佛教是彻底的辩证法。

——《唯识研究》序，六页

这也是思想混乱的一例。第一，王先生口口声声说"辩证法"，然而他在这里却以形式逻辑的见解去理解"没有抽象的真理"这句话。第二，佛教的无分别智既是"不能用语言文字描写，不能用意识思维"，凭什么去理解？这是武断的说话。第三，佛教的经典是用语言文字描写的，它的所谓"十二因缘"的法则也是抽象的，何以又独是例外，又独是"彻底的辩证法"？像这样的思想——内容,就把文字修饰得再好些,也不能成功一篇正确的论辩文的。

但是"内容决定形式"这句话,并不是说只要有了正确的内容,形式就可以不管,随便写出来就是好文章。在文章的老手,偶尔写几句随笔、一首短诗,也许是可能的。但是,篇幅长一点的论辩文就不能那样做了——初学的人尤其是做不到的。所以关于形式,也必须加以充分的注意。

第一节　关於用语和语汇

文章是积辞而成句,积句而成章,积章而成篇的。刘勰在《文心雕龙·章句篇》中说得好:

> 夫设情有宅,置言有位。宅情曰章,位言曰句。故章者明也,句者局也。局言者联字以分疆,明情者总义以包体;区畛相异,而衢路交通矣。夫人之立言,因字而生句,积句而成章,积章而成篇。篇之彪炳,章无疵也;章之明靡,句无玷也;句之清

英，字不妄也。振本而末从，知一而万毕矣。

他所谓"言"，所谓"字"，大体和我们所谓"辞"的意义相同；他所谓"章"，就是文章中的"段"的意思。无论什么文章，都是这样地做成，论辩文也没有两样。所以，论辩文的形式的问题，大体也是关于"字、句、章、篇"的问题，即怎样地使它们明晰妥当（明晰即刘氏所谓"彪炳""明靡""清英"等，妥当即所谓"无疵""无玷""不妄"等），足以表现内容的问题。

在现在，首先第一个问题，就是用什么来写的问题。用"文言"呢，用"白话"呢，还是用"大众语"呢？这是"用语"的问题。用语决定之后，才能谈到第二个问题——文法的问题，因为文言和白话的文法是有许多地方不同的。第三个问题就是怎样使"用语"充分地表现文章的内容，怎样地表现得"动人"的问题，这是修辞学及"意义学"的问题。关于形式的问题，大抵可以归纳於这三方面。这里应当注意的，是形式不能离开内容而存在；所以，不能离开内容去讲究形式。同时，这三方面也是不能单独讲究的。

关於这些问题，本书不能一一拿来讨论，这里只择出二三个我们认为必要的问题来说一说。

用语须用适合大众的语言

第一，关於用语的问题。数年前因为"复古运动"的抬头，关於文章用语的问题又引起了各方热烈的讨论。有人主张恢复文言文；有人主张仍用白话文，但加以改良；有人提出采用"大众语"。结果赞成用大众语的占多数，维持白话文的占少数，拥护文言文的除了那班老古董之外几乎没有。

文言文与白话文的论争，在"五四"运动当时已经论争过一次，白话文虽占优势，十余年来各种新出书籍、杂志大都采用它来做用语。但因提倡它的社会阶层的脆弱，白话文运动也和其他的改革运动一样，不能彻底。这中间，它虽则得到大众的支持，仍然有着相当的发展，但终不免被掺入一些不良的成分：一方面受了封建意识的影响，变成白话的八股；另一方面是没有批判地欧化，弄成洋式的八股；最近一部分索性走上所谓

"语录体"的道路了。这些本来是作者脱离了大众的结果。因此，白话文就更为大众所不欢迎的东西；就是没有"复古运动"的抬头，它也不能不兴起一番变革的。

文言文之不适於说理，拥护"古文"的人也会自己承认；我们在第一章中引过施畸先生论"古文"所以"衰谢"的原因，他也认"古文""不适於通俗"，"不适於迻译"，"不便於讲学，甚或不便於说理"；语录体的兴起正为要补救这个缺憾。尢墨君先生在《从中学生写作谈到大众语》（见《自由谈》）文中，引了一段中学生做的文字如下，题目是《我所最敬佩的朋友》：

> 自来英雄豪杰之士，痛祖国之沉沦，而卒能奠定金瓯，建不世之名者，非特有血气之青年而谁？方其喷薄千丈，血诛激发之时，则虽刀锯鼎镬出之前，而其色不变；魍魉奇怪乘之后，而其心不恐。若项王之破釜沉舟，百战百胜；豫让之漆身吞炭，国士可风！前往奋发而莫之夭阏者，此诚国家之栋梁，中流之砥柱，亦即我所最敬佩的朋友也。

这段文字，读起来真是像九先生所说："通体还是叮叮当当的。不过，我终不解这於日常生活有什么用！"或者要说这是中学生所做，因为学生未到家，所以这样不行。那么，请读者容我引用一段素以拥护文言文出名的章行严先生的文字，看看怎样：

本篇作已三年。未见适之发抒何见，惟近於《国语》周刊，囫囵其词以拒之曰：不值一驳。实则吾文所陈诸理，可得与天下后世之人共明之。事越数载，文厄益深，偶一循览，其言仍未可易。请更襮之，重与细论，此之行远之力何如？虽难自信，而其粗明大义，有关世运，谓斯时即轻轻为适之所下四字於倒，谅不尔也。昨岁在沪，适之曾面告愚，子所讨论诸点，已成过去。文化大事，适之竟看作时辰表，针簧上下强弛，惟其手转，尤属奇谈。揣适之所谓过去，殆指今之后生，竟为白话，甚嚣尘上，遮国学不见已耳。此乃病态群理，允宜痛治。於斯谓健康为过去，医者议复元气，讽以失时，有是道乎？前岁北京农业大学招考新生，愚在沪理其文卷，白话占数三之二，文言三之一。文言固是不佳，白话亦缴绕无以。愚曾告人，此事应由适之全然负责，盖适之倡为白话文，恰是五年，中学卒业，出应大学初试，即其时也。今年愚复试农大新生，限令不为白话文，乃全场文字，词条理达，明瞻可观。猝然得此，迥出意计之外。适之之时辰表，从此逆转，良未可知，过去与否，岂由一人之口说而定？适之又病本文刻至之言，疵为漫骂。读者辩之，其然岂然。北京报纸，屡以文中士与读书人对举，为不合情实。意谓二桃之士，非读书人。此等小节，宁关谋篇本旨，且不学曰学，其理彼乃蒙然，又可哂也。

——章行严《评新文化运动》的开头一段

章先生的"古文"总可以说已到家了，但是这段文字，不满五百字，已经有许多地方不大好懂，譬如"二桃之士"本应当作"二桃杀三士之士"，现在竟把"杀三士"三字省去，就不好懂了。又如"竟为白话"，怎能够用"甚嚣尘上"来形容它？"医者议复元气"接以

"讽以失时",无接续词,究竟谁"讽"谁呢?凡是我加点的地方,都是文字暧昧不好懂的。文言文因为本身不行,所以,章先生也不能挽回它的没落。可是,汪懋祖先生又企图来做一次最后的挽救了。他"写了一篇文章反对小学禁习文言初中限习文言,连带反对一切现代文艺所用的语言——白话",中间说过:"所谓一字传神最能描写文言之便利。……今学生因喜习白话,所作信札多累赘不通。往往一言可以说明者,而十数语不能达意。"南先生在《文学》第三卷第一期中,批评说汪先生自己的文章就"不是所谓一字传神",并举出"不能吃"为例,将文言和白话的优劣比较一番。南先生说:

  现在单以所谓一字传神来说,也是只有白话中的有些现象可以当得起这四个字的赞语。例如动词的限定辅助语便是一端。这类语言在文学描写上功用颇大,往往只要换去一字,便觉得动作所以能或不能成的理由全然两样。比方同是说"不能吃":
  (1)吃不得(因为东西不卫生);

（2）吃不了（因为东西太多了）；

（3）吃不来（因为东西太坏或者吃不惯）；

（4）吃不起（因为太穷苦了）；

（5）吃不下（因为肚里饱）；

（6）吃不着（因为东西离得远）。

这於白话是应手可得的传神的一字，文言如何？文言能够这样以简单的一字传出这样复杂的意思吗？

这样看来，文言文的不适用是很明白了，尤其是不适於以说理为主要任务的论辩文。那么，白话文和大众语，哪一种适用呢？这是不能用一句简单的话来答覆的。因为现行的白话文已经八股化了，所以不可以依样画葫芦般用现行的白话文来写。再由尤先生那篇文章中借用一例：

我不知应该如何说好，所有我的那些为著你的善意的同情而发的感激与依恋，将是远跳过一半我所能用笔表达的，但是有一点我可以发誓，凭着我的灵感和一切，我将永不会忘了你，你曾经不断地对我做最仁慈最动人的精神的恩赐，而且你又是那样一个可崇敬的老师呀！

据九先生说，这是一个学生写给他的信的第一段。九先生批评他说："这是写字台边写写的白话，沙发上读读的白话，离开大众真不知有多少远！所以换句话说，这是弄弄笔头的白话，或高跟鞋式的白话。"这批评，一点不错。又如《论语》曾经批评过《"母性之光"本事》，说它是"可憎的白话四六"，我只引那《本事》的两段：

这天，小梅参加一个盛大的音乐会。慧英在这大会中遇见了前夫家瑚。当家瑚的一个面部轮廓触到慧英的眼帘时，她早呆了。
……
她的悲歌，她的血泪，观众们的同情、伤感、心弦的紧张——就在这悲歌血泪，观众们的同情、伤感、心弦紧张时，绣幕缓缓地垂下了。

——见《论语》第二十六期,《可憎的白话四六》所引

这样的文章,不是不通,而是噜苏做作,一句话可以说出的,却偏偏要绕一个大弯子。所以,也可说是"高跟鞋式的白话"。像以上所引的文章,或许是极端的例也未可知,但现行的白话文的确许多是有着这种倾向的。这种白话,是应该反对的。从论辩文贵於"说理明白"的观点看来,这种白话是不适用的。

陈望道先生说:

在中国文学史上,笔头用语本来很复杂,简单分起来,大约可以分成下面这样一个表所列:

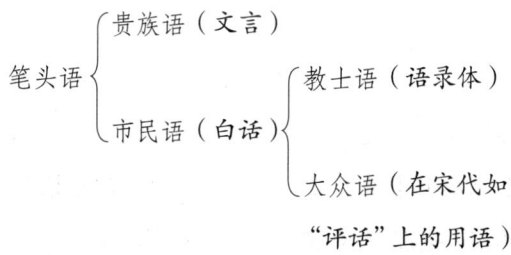

"五四"前后"文学革命"时代关於笔头语的

论战,便是市民语和贵族语的论战。当时对文言争市民权的笔头语,是包括着教士语和大众语两种语,而且往往把两种语平等地看待,留一个退入语录语的可能。这是当时的短处。但当时所以把教士语和大众语同等看待,不过是当时急於和文言对立的情势逼他显出了那样看相,骨子里到底并不是把语录体做范本的。这比起以前的一切等等始终不脱把语录体做中心的理论或者实际来,又不能不说是当时的长处。现在陈子展先生提出大众语来,可说是吸收当时的长处,又抛弃了当时的短处。我想大家不会不赞成的。

——陈望道:《关於大众语文学的建设》,见《自由谈》

这样,不管"高跟鞋式的白话"是由"教士语"发展成功的,还是独立地被输进来的,因为它束缚白话像高跟鞋束缚天足,所以总得和"教士语"一样把它扬弃。把那些不良的成分抛弃之后,剩下来的就是所谓"市民语"中的"大众语"了。这样的语文,因为要避免和包含着"教士语"或"高跟鞋式的白话"混淆,所以不叫它作白话文而叫它作"大众语文"。我想这是大家所以使用这个名词的用意吧。在这一意义上,白话与大众语,白话文与大众语文,就不是与白话文与文言文那样的对立。这还可以从其他方面看出来:

首先,文言文与白话文的文法差别很大,白话文与大众语文的文法大体是共通的。

其次,文言文是僵化了的文字,白话文只要不脱离大众,它是流动、变化的。

第三,白话文只要不脱离大众,它和大众语文一样地是以"普通话"为基础的。在目前的情形,大众语是必然要以"普通话"为基础,这不是说拒绝大众语去吸收适用的方言或外来语。

因此,所谓反白话文的"反",与反文言文的"反",就不是同样的意义了。

大众语不是既经完成的,而是要大家努力来创造的。(本来,要是活的言语,根本就没完成、不变的一天,它是时时刻刻在变化的,不然的话,它就是死语,文言就是这样的东西。)但是,它并不是完全没基础的，并不是像某些不愿意正视它的人们所想像那样连影子都没有的。那么，应当在什么条件之下来创造它呢？我们以为：

第一，大众语必须是代表大众前进意识的话语，大众文必须是代表大众前进意识的文字。大众语与大众文必须合一：在程度上合一，在需要上合一，在意识上合一。因此必须排斥：乡下老太婆的迷信语，落后农民群众的"真命天子出世"之类，和工人群众的"妈妈的"之类的带有封建意识的话语。

第二，大众语必须以"普通话"为基础，但不妨碍它吸收适用的方言。

第三，大众语文必须能够说得出，听得懂，写得顺手，看得明白。但是要注意两点：一是带有落后意识的，就是说得出、听得懂、写得顺手、看得明白也不可采用。二是因为知识程度关系，一时听不懂或看不明白的，应当酌量采用，细加说明，逐渐使它变成听得懂、看得明白的东西。如"罢工""怠工""摩登""幽默""无线电播音""有声电影"之类，现在已经渐成为大众语的一部分了。文言上的语汇必要时也可酌用。

第四，欧化语句，凡是中国语法所没有而又是必须有的句法，也须酌量介绍进来，使它逐渐成为大众语组织的一部分。

第五，在大众语运动中，必须准备利用拼音字母。在拼音字母未普及之前，汉字、注音字母无妨并用。汉字应当尽量采纳简字，容忍白字。

第六，尽量提倡方言文学（用拼音字母最好）。这是提高各地大众文化的好方法，不仅仅为了使各地的方言表现出来供给大众语去吸收这个目的。

这几个条件，是由陈望道、胡愈之、陈子展、陶行知及其他参加这次讨论诸先生的文章中归纳出来的。我想这些条件已经能够把大众语和大众文画出一个轮廓来。不过，要紧的还是要大家去创造，首先要大家肯去跟大众学习。

论辩文的用语，就应当采用适合於大众的大众语。不但论辩文的目的在於"悟他"，必得给大众看才能达到目的，而且它也应当负起创造大众语的一部分责任的。

用辞必须恰当其所指的东西

第二,是用辞的问题。现在先介绍一个故事:

> 我在剑桥读书的时候,数年之间,曾听两位有名教授的功课。这两位教授在同一时期、同一楼房里面讲,一位在楼上一位在楼下,一位的头正对着另一位的脚;每一位都用许多时间去讨论另一位的见解。楼下的甲博士在一小时之内必要说几遍:"乙教授说……我真想不出是什么意义。"然而乙教授也同样不少地说:"我不装着能懂甲教授的意义。"两位教授唯一意见相同的地方好像是:这一位都相信那一位"决不会说出他的意义"。
>
> ——李安宅:《意义学》,附录一

这一段话,是吕嘉慈教授在他的《"意义的意义"的意义》那篇文开头的几句话。读者觉得好笑吗?其实,在日常生活间,像这样的事多得很。许多口头争论,许多笔墨官司,大半是因为"这一位都相信那一位

'决不会说出他的意义'"惹起来的；甚至论战了许久之后，还是各说各的，得不出一个共通的结论——一致的意义来。

为什么会这样呢？这不尽由於所谓"文人相轻"的坏习惯，也不尽由於彼此的根本的观点不一致，倒有许多时候是由於各人没有好好地选用恰恰能够表现自己意思的"用辞"。因为文字是语言的标识，语言又是思想的标识，思想又是客观事物的反映；标识本来就不能够和被标识的东西完全地吻合，中间又有那样的转折，所以，一不小心就不能把自己的思想传达出来。就是传达出来，因对方的不小心，自己的思想也不能被理解，於是一些无谓的论争就不能避免了。李安宅先生说：

> 老实说，世界是瞬息万变不可捉摸的，混沌一气不可分割的。语言文字不管怎样制得精密，也与事实差得很远。语言是所以表示意象，意象是所以比拟事实。然而事实是有个性的，意象则是普遍的；事实是具体质的，意象则是描写的；事实是自己存在的，意象则是象征的；意象既不能切乎实境，语

言怎能切乎意象,更怎能间接地合乎实境?佛家早就说"不可说,不可说",道家也同样地喊"道可道,非常道,名可名,非常名",一般的常识也常在书信后面声述:"书不尽言,言不尽意。"

然而一般聪明的宗教家已在不言而参禅去了,谁与校论真的是非?"言不尽意"又习而不察地失了效用,谁与推敲真的意象?结果还是迷信语言的占势力了,还是对於语言没有自觉的占势力了!

事实是这样:太认真了也不行,太不认真了也不行。太认真了,以为一切绝对不可说,则万物毕同毕异,反倒无法认真了。人既活在社会里,总不能终日禅定便可了事,总不能不有一个大的分际,差不多的交通。太不认真了,以为语言就真是实境,则都要变成吃符念咒的术士,也未免太犯不着。孟子说得好:"尽信书,则不如无书。"虽然不尽信书,也要有书,以作解释、寻索的痕迹。语言文字的功用,就像结绳记事一样:结绳虽不精,在没有更精的符号的时候,也可用一用;同时更想再精的办法。由着结绳已经精到语言文字,我们虽尚不满意，也只好研究它，修正它，使其效用益大，不必因噎废食，把连这不满意的方法也不要。在实际上糊涂一点才方便的，我们造一个糊涂一点的字，以便泛举，如荀子所谓"大共名"。在实际上细密一点的字才方便，我们也就细密一点，以便分限，如荀子所谓"别名"。老子的无名也不方便，罗素的一物一名也太麻烦。荀子说得好："单足以喻则单，单不足以喻则兼，单与兼无所相避则共——虽共不为害矣。"

——李安宅：《意义学》，七至八页

这一节，把语言文字的本质、限制、作用说得颇为明白。语言文字虽然有着它的限制，不能完全与"事实"吻合，但是它对於人类的文化有益，我们不能不用它。用得其宜，才能获得它的益处。所以，我们要研究它的一般的限度。使用语汇的时候，我们要明白同类语汇的涵义，选择最适合於我们的意义的来用。并且，要注意语言文字的形态、声音是固定的，但它所表示的事物是变动的，往往因事物的变动而使语言的内涵变更。

例如"原子"这个名词,因化学的进步能够把原子分解,它就增加了"可分的"这一规定。一种事物到了因时代变迁,旧有的"名"虽加制限仍不能表示它的意义的时候,就必然要为新兴的"名"所替代。比方说,人类的"自利心"这种东西,在封建社会是被看作一种罪恶的,到了资本主义抬头的时代,人们对於它的见解虽然与前不同,但还是袭用旧时的符号,因此曼德维尔就不能不使用"私的罪恶是公共的利益"(Private Vices Publick Beneflts)这句矛盾的话去做他的《蜜蜂的寓言》的副题了。后来因资本主义的发展,它的意义已经完全不同,所以休谟、亚当·斯密等便确定地给以道德上的承认(参阅河上肇:《资本主义经济学之史的发展》,第一、二两章)。

如果做论辩文的人对於这一点不加以细心的注意,不但做出来的文章不会达到目的,甚且还要闹出笑话来。在夏丏尊、叶圣陶合著的《文心》中,写着这样一段故事:

"这里地方小,干不出什么事业来。再要开银行决不在这里开了，有机会就得在上海开。不过一个人解放久了也不好，天天打牌有什么意思，总得找一点事情来做，因此，我想办一点社会主义。"

这个话使枚叔愕然了。这位有点小能干的银行家，难道同一般青年一样，受着时代思潮的激荡，知道资本主义已经到了"临命终时"，从资本主义这个腐烂体里长成起来的是社会主义吗？但是社会主义怎样"办"呢？"办"社会主义的人为什么又说有机会就得在上海开银行呢？

乐华也同样地感得奇怪。社会主义，在杂志和报纸上，在同学间的谈话中，是常常被提及的一个名词，看着、听着、说着都没有什么奇怪；惟独由这位四十光景的商人风的卢先生吐出来，却异样地不相称，有如矮人穿着长衣服，小孩子戴着大帽子。他的社会主义是什么东西呢？这样的问语咽住在乐华的喉咙口。

卢先生吸了两口雪茄，圆撮着嘴唇呼出了烟缕，继续说道：

"天气热起来了，时疫急痧是难免的了。我预备开两个诊所,中医西医都有,任病家爱请谁医就请谁医。现在医生都请定了,只地点不曾弄停当,故而还不能贴广告。"

原来如此,乐华咽住在喉咙口的问语有了回答了。不免要笑,但是,真个笑了出来不是很糟吗?乐华只得吻合着上下唇,移过眼光去看父亲。却见父亲正在端详茶几的一角,仿佛那里有什么好玩的花纹似的。歇了一会,听见父亲说道:

"我想两个诊所应该距离远一点,一个在南城,一个在北城,对於病家才见得方便。"

卢先生去后,乐华问枚叔道:

"刚才卢先生说的'解放'做什么意思用的?"

"他说'解放'其实是'自在''闲散'的意思。做一点公益事业,他却叫作'办一点社会主义'。他们商界里,这样说话的人很多,不把'辞'的意义辨认清楚,就胡乱使用起来,致使旁人听了觉得好笑,有时竟弄不明白他们说的什么。"

"岂只商界,便是学界和政界,也有犯着这样的毛病。《文章病院》里的几个病患者,不就是吗?"

——夏丏尊、叶圣陶：《文心》，七九至八〇页

我们承枚叔先生的令郎的介绍，顺便看看《文章病院》里的病患者谁患了卢先生那样的毛病。现在请看《文心》中一位学生朱志青的报告：

> 朱志青从衣袋里取出几张稿纸来，却并不就看，又说道："那三号病患者——那三篇文字都是文言文，而我们写的是语体文；知道了文言文的毛病，对於写作语体文好像未必会有什么益处，其实不然。我们看出那三篇文字的毛病都是属於思想习惯和言语习惯上的，所以用文言写固然有病，如果用语体写，还是有同样的病。我们要知道思想习惯和言语习惯上通常有那一些病，那就文言的材料也於我们有用处。"
>
> 他说到这里，才看一看手里的稿纸，取粉笔在黑板上写了"用词、用语不适当"几个字。
>
> "这是一种毛病，该用这个词的，却用了那个

词；该这样说的，却那样说了。那三号病患者差不多都犯这毛病。现在举几个例子来说。'目的'，不是大家用惯了的名词吗？心意所要达到的境界叫作'目的'。而第一号病患者却有'不能不变更去取之目的'的话。编辑辞典，选用条目，哪个条目要，哪个条目不要，只有依据预定的'标准'来决定。所以，说'去取之目的'不适当，必须说'去取之标准'才行。又如'促进'，原是习用的一个动词，而第二号病患者说'努力促进自治制度'。因为制度只能订定、实行、修改或者撤废，可是无法促进，所以，'促进'这个动词用在这里就不适当。又如'重新'这个副词，本该用在第二回做的动作上：读过书了，再读一回，叫作重新读书；游过山了，再游一回，叫作重新游山。第三号病患者劝学生复课，单说'收拾精神，一律定期复课'，已经很觉不妥了。因为罢课为的是国难，原没有放散精神，而它又在'收拾'前面加上'重新'两字，好像学生已经把精神收拾过一回了，更属不适当之至。以上是用词不适当的例子。他如该说购实力薄弱,而说'物力维艰';该说整齐全国步骤,而说'整齐全国一致之步骤';当时日本武力还及於我国东北,而说'东北烽烟弥漫全国',都是用语不适的例子。这种毛病的原因在於认识词、语的意义不确切,或者因为不曾仔细思量,只顾随笔写,便把不适当的词、语写了上去。"

——夏丏尊、叶圣陶:《文心》六四至六五页

这样的例子是比较显而易见的,只要稍为留心,几乎随处可以发见。只要稍为留心,就是自己不注意地犯了这种毛病,也容易检点得出来。不容易发见的,还是那些大家用惯了的名词,它所表示的事物实际已发生变化了,而作者还用旧时的名词,毫不加以制限。结果由它得出来的结论或写出来的文章,一定不能切合於实际。假如我们现在还以旧时的概念来使用"经济恐慌"这个名词,就可以得出经济恐慌的结果把技术落后的企业淘汰了,因而提高了生产力的结论;或者得出恐慌过后,生产和交换的进行重行开始,不久又恢复经济的繁荣的结论。然而这种结论,是不会切合实际的了。前几

年旧式的经济学者预言恐慌已到止境、繁荣指顾可期之不见效验,就是证据。

那么,怎样才能检点出文章中的语汇是不是犯了上述的毛病呢?回答是很简单的——就是根据分析客观事物所得的结果去检查它。

第二节　论辩文的文学的侧面

做论辩文要做到能够动人的地步,就不能不注意文学的手法,使论辩文含有多量的文学的成分。中国旧时的文人学者老喜欢说:"言而无文,行之不远。"这正是他们看重文学的成分的表现。这种倾向,一直继续到不久以前,虽是他们因为拘于"义法",流於空疏,结果做出来的离文学很远,然而注意还是那样注意的。所以,先秦诸子的文章以及后世各家的论文,都被选入"选集"里和文学作品放在一起。自从白话文运动开始以来,文言文渐渐没落下去(最近文言文的抬头,是复古运动的人硬把它拉出来做工具的),小说取得了文学的主要地位,而论辩文之类又为了矫正过去"古文"的烂调，力求"言之有物"，於是把注意集中於事实的搜罗、统计的援引，尤其注意於逻辑的运用，似乎反而把它的文学的侧面放轻了。就是文章选本，选用论辩文字也少，似乎也只在示读者以这种文字的范本，聊备一格罢了。

其实，论辩文要做得好，不但要"言之有物"，而且还要"言之动听"。而"有物"和"动听"，并不是外面的结合，而是内面的联系。必须有充足的理由，才有丰富的情感表现出来，才成为动人的文章。因为在论辩文，情感是附丽於理智的。如果没有充实的内容，徒在文字上去藻饰，气力还是白使。刘勰在《文心雕龙·情采篇》说得很好：

> ……夫铅黛所以饰容，而盼倩生於淑姿；文采所以饰言，而辩丽本於情性。故情者文之经，辞者理之纬；经正而后纬成，理定而后辞畅：此立文之本源也。
>
> 昔诗人什篇，为情而造文；辞人赋颂，为文而造情。何以明其然？盖风雅之兴，志思蓄愤，

而吟咏情性,以讽其上,此为情而造文也;诸子之徒,心非郁陶,苟驰夸饰,鬻声钓世,此为文而造情也。故为情者要约而写真,为文者淫丽而烦滥。……故有志深轩冕,而泛咏皋壤;心缠几务,而虚述人外。真宰弗存,翩其反矣。……况乎文章,述志为本,言与志反,文岂足征?

是以联辞结采,将欲明经(即"情者文之经"的"经"——编者),采滥辞诡,则心理愈翳。固知翠纶桂饵,反所以失鱼。"言隐荣华"(《庄子》:"言隐於荣华。"——编者),殆谓此也!……

这些话,虽是偏指诗歌之类而言,但对於论辩文还是适用的。

论辩文是各种论争的最有力的武器。要在论争中获得最后的胜利,就不能不把武器磨砺得锋利。理论家们的留意於论辩文的文学的侧面,并不是由於一般的"审美的"要求,而是由於要从一切方面使他们的武器锋利;文学的侧面既然是武器的一个侧面,自然不肯放松。所以,如果仅仅以"审美的"观点来理解论辩文这个侧面，就无法达到正确的理解；同时，也就不能够正确地磨砺这一武器，运用这一武器了！

我们在前面说过，论辩文是一种最复杂的文章，它包含着叙述文的成分，包含着说明文的成分，也包含着抒情文的成分。所以，要使论辩文充分地完成它的文学侧面，必须把它所包含的各种成分一一写成有文学价值的东西；因此，就必须明白各种文章的文学的写法。但是，因为本书的范围和篇幅所限，我们不能依类加以解说，现在只能够把论辩文所最需要的几点写在下面。

论辩文须表现作者的热情

第一，论辩文须表现作者的热情。无论是立论的也好，是驳论的也好，论辩文的作者都是希望社会有所兴革，才来写他的论辩文的。这就是说，作者对於社会具有热情，所以觉得它不好，希望它好。论辩文所以能够感动读者的根源就在这里。而读者被感的深浅，全视作者热情的浓淡及其表现的巧拙。在普通的论辩文中，最易看到的是作者对於事物不满意的情感。这种情感有时发为冷嘲，有时发为热骂，有时幽默之意充满行间，愤怒之情溢於言表——总之，都是希望人类社会进步和革新的热情的一种表现。我们且引一些实例来看吧。

考试制度是一切制度里最好的，它能把人支使得不像人了，而把脑子严格地分成若干小块块。一块装历史，一块装化学，一块……

比如早半天考代数，下午考历史；在午饭前后，你得把脑子放在两个抽屉里，中间连一点缝子也没有才行。设若你把X+Y和"一·二八"弄到一处，或者找唐朝的指数，你的分数恐怕是要在二十上下。你要晓得，状元得来个一百分呀！得这么着：上午，你的一切得是代数，仿佛连你是黄帝子孙和姓甚名谁，全根本不晓得，你就像刚由方程式里钻出来，全身的血脉都是X和Y。赶到刚一交卷，你立刻成了历史，向来没有听过代数是什么。亚历山大、秦始皇等就是你的爱人，连他们的生日是某年某月某时都知道。代数、历史千万别联宗，也别默想二者的有无关系。你是赴考呀！赴考的时间你别自居为人,你是个会吐代数、吐历史的机器。

这样考下去,你把各样功课都吐个不大离,好了,你可以现原形了。睡上一天一夜,醒来一切茫然,代数、历史、化学诸般武艺通通忘掉,你这才想起"妹妹我爱你"。这是种蛇脱皮的工作,旧皮脱尽才能自由;你这条蛇不曾得到文凭,就是你爱妹妹,妹妹也不爱你,准的。

最难的是考作文。在化学与物理中间,忽然叫你"人生於世"。你的脑子本来已分成若干小块,分得四四方方、清清楚楚,忽然来了个没有准地方的东西,东扑扑个空,除了出汗,没有合适的办法。你的心已冷两三天,忽然叫你拿出情绪作用,要痛快淋漓、慷慨激昂。假如题目"爱国论"或"天下兴亡匹夫有责",你的心要是不跳吧,笔下便无血无泪;跳吧,下午还考物理呢。把定律们都跳出去,或是跳个乱七八糟,爱国是爱了,而定律一乱则没有人替你整理,怎办?幸而不是"爱国论",是"山中消夏记",心无须跳了。可是,得有诗意呀,仿佛考完代数你更文雅了似的!假如你能跳出这一关去,你便大有希望了,够分不够的,反正你死不了了。被"人生於世"憋死,不是什么稀罕的事。

说回来,考试制度还是最好的制度。被考死的自然无须再提。假若考而不死,你放胆活下去了,这已明明告诉你,你是十世童男转身。

——老舍:《考而不死是为神》,见《论语》第四十四期

这是一篇攻击考试制度的文章,通篇用幽默笔调描写出考试之残害青年,比庄论还有力。表面看来,好像作者含着微笑在写似的,其实作者笔下是带着一滴滴的同情青年的热泪的。但是,实际上,论辩文通篇用这种笔调写的却很少,大都是於情感激动的时候,偶尔一用罢了。例如:

〖例一〗赵老爷评论翻译,拉了严又陵,并且替他叫屈。於是累得他在你的信里也挨了一顿骂。但由我看来,这是冤枉的,严老爷和赵老爷,在实

际上，有虎狗之差。极明显的例子，是严又陵为要译书，曾经查过汉、晋、六朝翻译佛经的方法，赵老爷引严又陵为地下知己，却没有看看这严又陵所译的书。……然而严又陵自己却知道这太"达"的译法是不对的，所以他不称为"翻译"，而写作"侯官严复达旨"；序例上发了一通"信达雅"之类的议论之后，结末却声明道："什法师云，'学我者病'。来者方多，慎勿以是书为口实也！"好像他在四十年前，便料到会有赵老爷来谬托知己，早已毛骨悚然一样。……（点者是编者加的）

——鲁迅：《论翻译》，见《二心集》，二四七至二四八页

〖例二〗……又"Bank"译为"板克"，也是取音。先生以"大板谓之业"来解释这"板"字，是无论哪一种商店都可称"板克"，不必专指"银行"；若有一位棺材店的老板说，"小号的圆心血'板'，也可以在'营业上操胜算'，小号要改称'板克'"，先生亦赞成吗？又严又陵的"版克"似乎

写作"板克"的——先生想必分外满意,因"版"是"手版",用"手版"在"营业上操胜算",不又是先生心中最喜欢的吗?(点是编者加的)

——刘复:《复王敬轩书》,见《中国新文学运动史料》,一三〇至一三一页

用讽刺的笔调来写驳论的论辩文的,我们可以引《晨报·每日电影》所载罗浮先生的一篇文章来做例子。这篇文章的标题是《白障了的"生意眼"》,副标题是《谁戕害了中国的新生电影》:

在"玻璃屋中投石者"一文里面,我已指出了所谓"软性论者"的诬蔑,造谣,济理论之穷的中伤的"艺术手腕"和"国事管他娘"式的燕雀般的潇洒态度。单就这些,只要稍有人心和稍稍明了中国影业的读者,都已经可以知道在这论争里面,谁在戕害着中国的新生电影了。

但是,正像《民报》"映画列车"所说,"男盗女娼的恶汉偏偏爱讲仁义道德",我们滑稽得可

爱的软性绅士也爱在论战中间，化装做一个诚恳的爱护中国电影的忠臣义士，请听他们的科白："主张少摄"描写"惨苦生活的影片"，"出发点可说是在希望国片多得利润"，"如果电影一旦离开了趣味性，变成了生硬的东西，她便要完全失却了她的效用，而使观众裹足不上电影院了"。所以，他便提笔宣判，断定了"唐君所提倡的说教电影，适足以戕害了新生的中国电影"。

——这一段道白咬字清楚，表情恰和《中国海的怒潮》中的那位"善士"所讲的全无两样。不过，丑角扮了正生，有时候发噱的程度，也许会比搽了白鼻子的时候更加显露。现在让我们来看一看掩蔽在"慈眉善眼"背后的他们的本意。

从他们的眼角眉梢，我们第一就看到一种欲言又止的忸怩的神情。这，明白地对中国电影业者丢了一个眼风，意思是说："只有软性论者，才有关心你们的利润；假使你们此刻再不回头，将来就会没人再看你们的影片。"

这种甜言蜜语，听着确也觉得十分合意。可

是，不幸得很，中国的"愚蠢的"观众和生硬的统计数字，顽强地不肯替他们帮忙。现在，我们只用一般周知的事实，来揭发他们的假面。

两年以来，从续映日期和卖座记录看来，最"多得利润"的影片是下列的几部：《姊妹花》，《都会的早晨》，《三个摩登女性》，《狂流》，《母性之光》，《小玩意》，等等。这些片子的内容，在软性论者是一个重大的不幸，都是"暴露了贫民的惨苦生活"的作品。《姊妹花》中的大宝与二宝的生活对比，《都会的早晨》中的奇龄与惠龄的贫富差殊，《三个摩登女性》中的周淑贞的抗争，《狂流》中的刘铁生等的争斗，《母性之光》中的矿工的呼号，《小玩意》里的穷人的呐喊，这一切都是非常生硬而绝不是软绵绵的东西。真真为群众所要求的作品才能受群众的欢迎，受群众拥护的作品才能保证制作者的利润。朋友，一把抓得起的少数的软性绅士，在广泛的电影观众里面是算不得一回事的。

诚实的影评人从来不会轻视构成一部影片的其

他的成分。有了好的题材，也许会因编剧、导演、演员等等的问题，而形成一部并不卖座的作品。但在这儿，为着中国电影的长成，我们该努力的是在增进从业员对於作品的理解，和从失败中间来获得技术上的成就；将一二失败的作品全责任加在"硬性"身上，而硬着头皮地主张制作荒唐淫乐的软性影片，这才是真实地在企图杀害"新生"的中国电影的生命！

退一步讲，我们不妨看一看所谓"软性电影"能否获得更多的观众。那么，请看，《猺山艳史》不就是一个最好的例吗？

看一看在中国放映的外国作品，软性论的形势依旧是惨淡的。两三年来卖座最好的外国影片是《城市之光》《西线无战事》《亡命者》，而绝不是"好好好"的《风流天子》。举世茫茫，都是那么欢迎"生硬"，我们的软性论者，请莫受首阳山诱惑，而使我们失掉一个可爱的论争者吧！

软性论者，据说是以"生意眼"为号召的，可是从上面的例证，使我们知道了他们的"生意眼"

只局限於应用"请参看《现代电影》第六期"来推销杂志的那么小小的一点，离眼三尺，软性论者的"生意眼"就厚厚地上了一层"白障"。为了我们的论争者的健康，请上"眼科医院"去诊一下吧！

（点是编者加的）

上面加点的那些字句的嘲笑，并不是无谓的谩骂，而是作者爱护中国新生电影的热情的表现，是能够增加他的驳论的力量的。关於表示愤怒的例子，我们可以从《鲁迅杂感选集》《论"费厄泼赖"应该缓行》一文中引用几段（其实，鲁述的杂感文是充满着幽默、讽刺和愤怒的）：

叭儿狗一名哈巴狗，南方却称为西洋狗了，但是，听说倒是中国的特产，在万国赛狗会里常常得到金奖牌，《大不列颠百科全书》的狗照相上，就很有几匹是我们中国的叭儿狗，这也是一种国光。但是，狗和猫不是仇敌么？它却虽然是狗，又很像猫，折中，公允，调和，平正之状可掬，悠悠然摆出别个无不偏激,惟独自己得了"中庸之道"似的脸来。因此也就为阔人、太监、太太、小姐们所钟爱,种子绵绵不绝。它的事业,只是以伶俐的皮毛获得贵人豢养,或者中外的娘儿们上街的时候,脖子上拴了细链子跟在脚后跟。

这些就应该先行打它落水,又从而打之;如果它自坠入水,其实也不妨又从而打之,但若是自己过於要好,自然不打亦可。然而也不必为之叹息。叭儿狗如可宽容,别的狗也大可不必打了,因为它们虽然非常势利,但究竟还有些像狼,带着野性,不至於如此骑墙。

以上是顺便说及的话,似乎和本题没大关系。

——三、《论叭儿狗尤非打落水里,又从而打之不可》

总之,落水狗的是否该打,第一是在看它爬上岸之后的态度。

狗性总不大会改的,假使一万年之后,或者也许要和现在不同,但我现在要说的是现在。如果以为落水之后,十分可怜,则害人的动物,可怜的正多,便是霍乱病菌,虽然生殖得快,那性格却何等地老实。然而医生是决不肯放过它的。

现在的官僚和土绅士或洋绅士,只要不合自意的,便说是赤化,是共产;民国元年以前稍不同,先是说康党,后是说革党,甚至於到官里去告密,一面固然在保全自己的尊荣,但也未始没有那时所谓"以人血染红顶子"之意。可是革命终於起来了,一群臭架子的绅士们,便立刻皇皇然若丧家之狗,将小辫子盘在头顶上。革命党也一派新气——绅士们先前所深恶的新气,"文明"得可以;说是"咸与维新"了,我们是不打落水狗的,听凭他们爬上来吧。於是他们爬上来了,伏到民国二年下半年,二次革命的时候,就突出来帮着袁世凯咬死了许多革命党人,中国又一天一天沉入黑暗里,一直到现在,遗老不必说,连遗少也还是那么多。这就因为先烈的好心,对於鬼蜮的慈悲,使它们繁殖起来,而此后的明白青年,为反抗黑暗计,也就要花费更多的气力和生命。

秋瑾女士,就是死於告密的,革命后暂时称为"女侠",现在是不大听见有人提起了。革命一起,她的故乡就到了一个都督——等於现在之所谓督军,也是她的同志:王金发。他捉住了杀害她的谋主,调集了告密的案卷,要为她报仇。然而终於将那谋主释放了,据说是因为已经成了民国,大家不应该再修旧怨吧。但等到二次革命失败后,王金发却被袁世凯的走狗枪决了,与有力的是他所释放的杀过秋瑾的谋主。

这人现在也已"寿终正寝"了,但在那里继续跋扈出没着的也还是这一流人,所以秋瑾的故乡也还是那样的故乡,年复一年,丝毫没有长进。从这一点看起来,生长在可为中国模范的名城里的杨荫榆女士和陈西滢先生,真是洪福齐天。

——四、《论不"打落水狗"是误人子弟的》

"犯而不校"是恕道,"以眼还眼以牙还牙"是直道。中国最多的却是枉道:不打落水狗,反被狗咬了。但是,这其实是老实人自己讨苦吃。

俗语说："忠厚是无用的别名。"也许太刻薄一点吧，但仔细想来，却也觉得并非唆人作恶之谈，乃是归纳了许多苦楚的经历之后的警句。譬如不打落水狗说，其成因大概有二：一是无力打，二是比例错。前者且勿论；后者的大错就又有二：一是误将塌台人物和落水狗齐观，二是不辨塌台人物又有好有坏，於是视同一律，结果反成为纵恶。即以现在而论，因为政局的不安定，真是此起彼伏如转轮，坏人靠着冰山，恣行无忌，一旦失足，忽而乞怜，而曾经亲见或亲受其噬啮的老实人，乃忽以"落水狗"视之，不但不打，甚至於还有哀矜之意，自以为公理已伸，侠义这时正在我这里。殊不知它何尝真是落水，巢窟是早已造好的了，食料是早经储足的了，并且都在租界里。虽然有时似乎受伤，其实并不，至多不过是假装跛脚，聊以引起人们的恻隐之心，可以从容避匿罢了。他日复来，仍旧先咬老实人开手，"投石下井"，无所不为，寻起原因来，一部分就正因为老实人不"打落水狗"之故。所以，要是说得苛刻一点，也就是自家掘坑自家埋，怨天尤人全是错误的。

——五、《论塌台人物不当与"落水狗"相提并论》（这篇文章，收在叫作《坟》的集里）

上面所引这几段，就表面看来，好像是只在说说"落水狗"应该"打"的道理，相当温和的说话，其实，背后却隐藏着一股对於一班"靠着冰山，恣行无忌，一旦失足，忽而乞怜"的"走狗"的愤怒。这里的愤怒，是公愤不是私怨；有时爆发出来，也可表现为激愤的呼声，为侮蔑的热骂。这与幽默和讽刺，同样可以增加文章的活气，引起读者的义愤；在作者是"情不自禁"地不说不快，从论辩文的写作看来，却是一种表现情感的文学的手法。

艺术的具体化

第二，是艺术的具体化。论辩文，和一切科学的著述一样，是包含着多量的一般化的。这种一般化的大部分往往是极其抽象的东西，因而必须依着具体的内容把它著大地充实起来,才能在读者获得"亲切有味"的了解。[①]因为读者在把握他所阅读的论辩文乃至科学的著述的过程中,即使在仓卒之间,也必须用具体的内容来充实那一般化的说话;不然,他就不能更深刻地在它与四围的事物之相互作用的过程中,把握这种一般化。所以,好的论辩文或科学的著述的作者,常在文章中用一个或几个具体的形象的描写来帮助读者对於一般化的了解。这种方法,无疑地是文学的方法。现在且举几个例子如下:

〖例一〗 宋有富人,天雨,墙坏。其子曰:"不筑且有盗。"其邻人之父亦云。暮而果大亡其财。其家甚智其子,而疑邻人之父。昔者郑武公欲伐胡,乃以其女妻之。因问群臣曰:"吾欲用兵,谁可伐者?"关其思曰:"胡可伐。"乃戮关其思。曰:"胡,兄弟之国也,子言伐之,何也?"胡君闻之,以郑为亲己而不备郑,郑人袭胡,取

---

① 原文如此。——编者注。

之。此二说者，其知皆当矣，然而厚者为戮，薄者见疑，非知之难，处知则难矣。昔者弥子瑕见爱於卫君。卫国之法，窃驾君车者罪至刖。既而弥子之母病，人闻，往夜告之，弥子矫驾君车而出。君闻之而贤之，曰："孝哉！为母之故，而犯刖罪！"与君游果国，弥子食桃而甘，不尽，而奉君。君曰："爱我哉！忘其口而念我。"及弥子色衰而爱弛，得罪於君。君曰："是尝矫驾吾车，又尝食我以其余桃。"故弥子之行未改於初也，前见贤而后获罪者，爱憎之至变也。故有爱於主，则知当而加亲；见憎於主，则罪当而加疏。故谏说之士，不可不察爱憎之主而后说之矣。

——韩非：《说难》

〖例二〗邹忌修八尺有余，身体昳丽（即"绝丽"的意思——编者），朝服衣冠，窥镜，谓其妻曰："我孰与城北徐公美？"其妻曰："君美甚，徐公何能及君也！"——城北徐公，齐国之美丽者也。忌不自信，而复问其妾曰："吾孰与徐公美?"妾曰:"徐公何能及君也。"旦日,客从外来,与坐谈,问之曰:"吾与徐公孰美?"客曰:"徐公不若君之美也。"明日,徐公来,孰(即"熟"字——编者)视之,自以为不如,窥镜而自视,又弗如远甚;暮寝而思之,曰:"吾妻之美我者,私我也;妾之美我者,畏我也;客之美我者,欲有求於我也。"

於是入朝见威王,曰:"臣诚知不如徐公美,臣之妻私臣,臣之妾畏臣,臣之客欲有求於臣,皆以美於徐公。今齐地方千里,百二十城,宫妇左右莫不私王,朝庭之臣莫不畏王,四境之内莫不有求於王,由此观之,王之蔽甚矣。"王曰:"善。"乃下令:"群臣吏民能面刺寡人之过者,受上赏;上书谏寡人者,受中赏;能谤议於市朝,闻寡人之耳者,受下赏。"……

——《战国策·邹忌修八尺章》

〔例三〕我不知道君劢的甲是什么人;不过若是我是甲,决不肯这样的老实,决不致於"瞠目咋舌，不知所对"。过去、现在、将来三种时间中，最不可靠、最不可捉摸的是现在：君劢做上篇时候的现在，已经不是他做下篇时候的现在；我写这一张时候的现在，到了我文章做完的时候，已经成功了过去。所以讨论现在，没有不讲到过去同将来的。我们所举的事实，哪一件不是过去？我们所希望的、要求的，哪一件不是将来？假如我说三岁的小孩子现在不会说话，将来也不会说话，君劢岂不要说我是"疯子"或是"伪为不知"？假如我说十年后张君劢的学问、事业、幸福同现在的君劢一样，他岂不要说我是"谩骂"？假如君劢对我说，将来的中国永远同现在一样——政府避债，国会卖身，部员索薪，军警闹饷，军阀括钱，土匪绑票——我岂不要自杀？我举小孩子来做比例，因为人类的进化史同小孩子的发育史是一样的性质。经过了一百万年的演化，人才从猴类的动物变成功用石斧石剑的猎夫，再经过万把年的演化，才从穴居野处的野人变成功今日有文化的民族——演化是很慢的，所以许多野蛮的根性至今还存在我们的血骨里头；但是演化一天没有停止，我们一天不必悲观，拿过去推测将来，我们决不敢自暴自弃。若是君劢的乙是指他自己，我不能不以郑重诚恳的态度劝他牺牲他的意见，这种现在主义，反进化论的人生观，是事实上无立足之余地的！

——丁文江：《玄学与科学——答张君劢》，见《科与人生观》上卷

〖例四〗我在未讨论之先，要警告读者一件事，就是美和爱可否分析与它的价值高低无关。任公说"……想用科学方法支配它无论如何不可能，即能，就把人生弄成死的没有价值了。"这种话是用不着反驳的。因为我们论事实的时候，不能羼入价值问题。譬如我们谁不愿"花长好，月常圆"呢？然而实际上花、月不如此，难道我们可以不认这不如人意的事实吗？比方爱和美一受科学的支配，人生就没有价值，那也是我们要老老实实地承认的。然而科学支配的结果并不是这样。请任公不必抱杞忧。科学方法是否有支配爱和美的能力，暂且不论；姑

假定它能支配爱和美,世界只会更有秩序,人生只会更有价值,断没有任公所害怕的结果。我记得从前牛顿说明虹霓的物理,诗人济慈(Keats)大不高兴,以为把虹霓的美减少了。这是济慈一个人的见解。从别人看来,虹霓的美丽不特不减少,而且得这解释以后,反要增加。我以为爱和美经了分析理解以后,也要使人越觉得它们的可贵。

任公由美说到爱,他的浪漫的笔锋更起劲了。他说:"至於'爱',那更'玄之又玄'了。假令有两位男女相约为'科学的恋爱',岂不令人喷饭?"但是,这个问题,恐怕不是一句"挖苦"的话可以勾销的。据我痴人的意见,以为"科学的恋爱"不特没有什么可笑,而且是最高级的恋爱。现在的心理学及心病学已经证明个人的恋爱是受他的气质、已往经验及现在环境所制约的。中国俗语说:"情人眼里出西施。"也以为爱是"玄之又玄"的,不知道实际并不是这样。有些男人爱上一个在普通人以为很丑的女人,大家就讲这是不可理解的。自心病学者看来,就知道这个女人一定有某点——如多发，或凸眼，或特种口音之类——可以使那个男人欢喜，而这个男人所以欢喜这一点，又是因为他小时对於这点曾感受极大的愉快的缘故。这些事情，本人往往自己不知道，但是，用某种方法，可以证明这个因果关系。我所谓"科学的恋爱"，就是一个人要学会分析自己的性情同偏执（即所谓"自知之明"），庶乎不至因为对方的不重要的特点陷入情网，致贻后悔。据心病学者的经验，这种不幸的事，是往往而有的。

——唐钺：《一个痴人的说梦》，见《科学与人生观》下卷

这些例子，还得加以相当的说明。

例一前半，作者所要提示读者的一般化——具体地说一般的事理乃至原理、原则，是"非知之难，处知则难矣"。这件事，决不仅适用於"宋"的"富人"和"郑武公"，而是一般的"人情之常"；然而如果仅仅抽象地说出这两句话，或再加以若干的说明，读者要了解它一定很吃力，甚至终不能了解或误解。现在先把

"宋有富人"及"郑武公欲伐胡"这两件具体的事实说在前面，而归纳地结出那样的"一般化"的说话来（若把事实写在"一般化"的说话后面，就成为例证的形式，但实质是一样的），就可以使读者获得一种把握"一般的"的线索，给与他的思维一个方向。后半，作者所欲说的"一般化"是"有爱於主，则知当而加亲"。弥子的故事，和前半"宋有富人"及"郑武公欲伐胡"两个故事，有同样的作用。——并且，在论辩文中插进了这些故事或事实，还可以减少文章的单调、说理的枯燥而增加文字的美感，提起读者的兴趣。这些地方自然要适当地运用文学上的描写方法，才能达到目的。不过，不可徒弄词藻，致破坏论辩文的统一。

例二邹忌所欲说齐威王的道理，是凡为人所"私"、所"畏"或所"欲有求"的人，不易从那些人听到批评自己的真话，即有所"蔽"。换句话说，他的主旨只在"王之蔽甚矣"一句话，"宫妇左右莫不私王，朝廷之臣莫不畏王，四境之内莫不有求於王"，只是说明"王之蔽甚矣"的理由。但是仅仅用这些话去说齐王，齐王未必觉悟得那么快。为什么呢？因为如果没有自己那样的一种体验，那还是一种推测之谈、比较抽象的东西，和一般的道理差不多远。所以，必得把自己的经验——"臣诚知不如徐公美，臣之妻私臣，臣之妾畏臣，臣之客欲有求於臣，皆以美於徐公"——这一具体的事实，去帮助齐王的思维。这，实质上，也是一种例证。在文字上，前半描写得那么生动，着实给增加了文学价值不少。

例三"君劢做上篇时候的现在……已经成功了过去"这段话，具体地表现"过去、现在、将来三种时间"的推移；"假如我说三岁的小孩子现在不会说话……我岂不要自杀？"这一段，具体地证明"讨论现在，没有不讲到过去同将来的"。合起来说明"过去、现在、将来三种时间中，最不可靠、最不可捉摸的是现在"。又，文中"政府避债，国会卖身，部员索薪，军警闹饷，军阀括钱，土匪绑票"这几句话，是把具体的事实，来帮助读者去了解上面"假如君劢对我说，将来的中国永远同现在一样"那句话中的"现在"的。这里所谓"现在"，是指"现在的情形"而言，是抽象的。虽然，所指的"现在的情形"不限於作者所列举的"政府避债……土匪绑票"这几种现象，但是由这几种具体的现象可以引起读者联想及其他种种的坏现象，总比空空洞洞地说"将来的中国永远同现在一样"在文章的效果上要大得许多。这里所谓"政府避债……土匪绑票"云云，虽然对於所谓"现在"也是具体的举例，但和例一、例二的有具体例证的性质的不同，不过把一个抽象名词所包含的具体事物举出几个主要的来引起读者注意罢了，其间并没推理的作用。最后，关於"我举小孩子来做比例，因为人类的进化史同小孩子的发育史是一样的性质"这两句话，也有同样的作用，因为"小孩子的发育史"比起"人类的进化史"来要具体得多，并且对於读者也习熟得多的缘故。

例四第一段里，"我记得从前牛顿说明虹霓的物理……而且得这解释以后，反要增加"云云，是前面主张"科学支配""爱和美"的"结果"并不使"人生就没有价值"的例证，并指示美是可以分析的。第二段里，"自心病学者看来……又是因为他小时对於这一点曾感受极大的愉快的缘故"云云，除了专对於"爱"而言不同於前一段专对於"美"而言以外，是同样的。挟注"如多发，或凸眼，或特种的口音之类"，是所谓

"某点"的例示，和例三的"政府避债……土匪绑票"的作用大体是相同的；微有不同的，只是前者是虚拟，后者是实指罢了。

总而言之，这种"艺术的具体化"的写法，既是具体的又是艺术的——具体的，所以帮助读者对於"一般化"的了解；艺术的，所以增加论辩文的美感，引起读者的兴趣——均能增加论辩文的动人的效果的。不但此也，这种写法，同时也使论辩文更加充实起来；由这更易达到所谓"言之有物"的地步。

行文的形象化

第三，是行文的形象化。什么叫"形象化"呢？大体说来，就是使用标识着具有形象的事物的语汇来表现抽象的无形的事理的情况。例如我们说"推理的锁链""一群概念""精神的视野"等等之"锁链""一群""视野"①，以及用"拟人格"把无形体、无知觉

---

① 原文如此。——编者注。

和感情的事物当作一个有生命能行动的人格来描写之类。这种写法在诗词中用得最多，但论辩文也时时采用这写法，以增加它的姿态，利用它来引导读者经由作者所指示的路径到达一定的目的地——获得作者所预期的效果。请看下面的例子吧。

玄学真是个无赖鬼——在欧洲鬼混了二千多年，到近来渐渐没有地方混饭吃，忽然装起假幌子，挂起假招牌，大摇大摆地跑到中国来招摇撞骗。你要不相信，请你看看张君劢的"人生观"（见前）！张君劢是作者的朋友，玄学却是科学的对头，玄学的鬼附在张君劢身上，我们学科学的人不能不去打他；但是打的是玄学鬼，不是张君劢，读者不要误会。

玄学的鬼是很利害的——已经附在一个人身上，再也不容易打得脱，因为我们打他的武器无非是客观的理论同事实，而玄学鬼早已有张君劢前后左右砌了几道墙。他叫他说人生观是"主观的""直觉的""自由意志的""起於良心之自动而决非有使之然者也""决非科学所能为力,惟赖诸人类之自身而已",而且"初无论理学之公例以限制之,无所谓定义,无所谓方法"。假如我们证明他是矛盾,是与事实不合,他尽可以回答我们,他是不受论理学同事实支配的定义方法,论理学的公例就譬如庚子年联军的枪炮火器,但是义和团说枪炮打不死他,他不受这种火器的支配,我们纵能把义和团打死了,他也还是至死不悟。

——丁文江:《玄学与科学》,见《科学与人生观》卷上

这是用"拟人格"(这个场合或者该叫它作"拟鬼格",但是,鬼这东西事实虽然没有,据信鬼的人说还是人变的,姑仍用"拟人格"吧)写的。你看,把玄学看成一个"无赖鬼",是多么生动地把玄学家的面目和伎俩刻画出来;这个"鬼",他会"鬼混",会"混饭吃",会"装起假幌子,挂起假招牌,大摇大摆地跑到中国来招摇撞骗",会"附在"活人"身上",会在他"前后左右"砌墙,会"叫他说人生观是……"怎样怎

样的。这无疑地是能够帮助读者更深刻地认识玄学的作用，觉得它是"无理取闹"的。其次，把玄学看作科学的"对头"，把"理论同事实"看成"武器"，把"主观的"……看作"玄学鬼"所"砌"的"几道墙"，把"定义方法，论理学的公例"譬喻为"枪炮火器"，把玄学家譬喻为"义和团"等，不但使人易懂，同时也把论战的"战斗情绪"感染给读者，使他紧张起来。

又如斋夫先生那篇《科学的生活》（我们在第三章中"怎样写绪论"那一节曾经引过的），是通篇用"拟人格"的笔调写的。摘抄如下（前面引过的绪论中的语句不再引）：

> 行动是思想的妈妈。

> 自然小姐是远在天边，近在眼前，只要您把一双手儿从袖筒里伸出来捞一捞，便可以把她捞着了。

> 这位老祖宗便是行动。

自然小姐不是一个神仙，也不是一个魔鬼，您要拜她，怕她，她就跑了。可是您不敬她，不爱她，不追求她，她也不会和你接近。

巴斯德便是这样与自然小姐萍水相逢，他对於她的来历在没有相会以前丝毫也不明白，哪里知道他们从此结下了万年不朽之因缘。

只要你肯努力追求，自然小姐是会拿她心里的秘密告诉您的。孔雀有美丽的羽毛，鹿儿有刚强的角，这都是求爱的天然工具，不像现在少数堕落青年之敷粉。您若想追求自然小姐，您必得自造工具……不能自造工具而要想得自然小姐之爱，是比如镜里采花，水中捞月。

自然小姐是天下最妒之小姐。她是超过一切，不愿与别人共爱……自然小姐甚至於妒她自己的照片、自己的轶事。您为什么舍了面前的活人而与她的符号鬼混呢？一位朋友要研究蚂蚁，我问他为什么不立刻动手,他说我正等着美国来的书咧。他不知道在他身边就有蚂蚁够他研究一辈子!

自然小姐欢喜熟人,不欢喜生人,您从小便须和她做朋友。您做小学生的时便要与她订交,最好,是在幼稚园里。不,在妈妈的怀抱里便须与她一块儿玩。过了中学时代您与她不相认识,那么我怕你终身无与她见面的因缘了。
——斋夫:《科学的生活》,见《生活文选》,二九〇至二九七页

用"拟人格",要拟得像;如果拟得不像,不但不能获得效果,甚至要弄得文字滑稽可笑。上举这一例,把"自然"拟为一位"小姐",处处把"自然"的性质表现出来,仿佛真是一位多情善妒的小姐似的,使读者很有趣地读下去,毫不觉得作者在做怎样研究自然科学的干燥的说理,这就是他的成功。

反之,有时用物比人也可以达到"形象"化的目的。例如刘基的《卖柑者言》:

杭有卖果者，善藏柑，涉寒暑不溃。出之烨然，玉质而金色。……

剖……其中，则干若败絮。予怪而问之曰："若所市於人者，将以实笾豆，奉祭祀，供宾客乎？将炫外以惑愚瞽乎？甚矣哉！为欺也。"

卖者笑曰："吾业是有年矣，吾业赖是以食吾躯。吾售之，人取之，未闻有言，而独不足子所乎？世之为欺者不寡矣，而独吾也乎？吾子未之思也。今夫佩虎符、坐皋比者，洸洸乎干城之具也，果能授孙吴之略耶？峨大冠、拖长绅者，昂昂乎庙堂之器也，果能建伊皋之业耶？盗起而不知御，民困而不知救，吏奸而不知禁，法而不知理，坐靡廪粟而不知耻。观其坐高堂、骑大马，醉醇醴而饫肥鲜者，孰不巍巍乎可畏，赫赫乎可象也？又何往而不金玉其外，败絮其中也哉？今子是之不察，而以察吾柑！"

子默默无以应，退而思其言，类东方生滑稽之流。岂其愤世嫉邪者耶，而托於柑以讽耶？

这篇文字，明显的是用柑的"金玉其外，败絮其中"来比一班文官武将的阘茸无用，"坐糜廪粟而不知耻"，但一经"形象化"，就使平日不大注意，或注意而印象不深的现象，历历如在读者目前。其中，如"干城之具""庙堂之器"也同样的是形象化的写法。韩愈的《应科目时与人书》，用"天池之滨，大江之"的"怪物"的失水待援，来比喻自己的穷困，也是用这方法。而普通采用"故事体"来做议论文字的，其目的也都在於使行文"形象化"借以引人入胜的。夏丏尊和叶圣陶两先生合著出《文心》那本书，就是一个用这种方法而成功的例子。

在构造上使读者分享共同创作的喜悦

第四，是在论辩文的构造上使读者分享共同创作的喜悦。论辩文在规模上虽比其他著作小，但它的构造也和它们的一样，占有文章的艺术性上的重要地位。论辩文的作者，是能够而且必须使自己的结论全体系，作为一个整个的东西，雪亮地浮现在自家脑子里，并决定其中心的意旨之后，才来动手写作的。它的各节或各段的主题，它的各个部分的相互关系，都为它的结论所决定——这消息，我们在本书前面也曾透露过——因此，在写作的过程中，作者虽等到最后才写到它的结论，然而在文章的形态上，却一开始便为结论所规定。在这里，读者还未知道结论，但作者却知道得清清楚楚。作者是"由结末到开端"地去构成他的论文，但读者却须依照文章的顺序"由开端到结末"地去阅读它。不但如此，作者的思想，是经过了很长的迂回曲折然后到达於结论，在中途中有时会遭遇难於捉摸的东西，或走到一时不易辨识的歧路。但他在写作的时候，无论什么作者，都没有把他的全部的历程一一详述出来，并且也是不可以的，因为那只有徒使文章混乱，徒使读者茫然的缘故。最好的办法，是使读者跟着写作的笔路自己去体验着观察和结论的进展，即是使读者逻辑地由观察到达结论，并且应该给与读者以共同创造的可能性。

所以，作者虽然对於它的根本的结论知道得清清楚楚，但是，他在开始写作的时候，是应该设身处地扮演着一个还未知道结论而仅仅开始研究的读者的角色来说话的。但是，作者已经知道结论这一事实，虽不能够在未达到结论之前表现於文字，然而这个结论——存在於作者脑里而未表现於文字的结论——却自着手准备做文章的时候起就给与他以取舍、选择材料以及语汇的标准，使他能够在论辩文的构造和文字上逐层迫进於结论。这样的文章，才能使读者依着考察的进展，渐渐地接近结论，而体验到一种共同创作的喜悦，才能使读者的思想和作者的思想结合起来。凡是好的论辩文或好的著作的作者，都是采用这种写法的。他用其逻辑的必然性引导读者到达他的结论。他最初提示，然后证明。如果他是用着非常的确信提示，用着艺术的构造迫进，那么，在他要下结论之前，那个结论已经在读者脑子里完成了。於是读者的思维就和作者的思维联成一片，比方说，读者便像一只系在火轮船后面的小艇，到处跟着它走！

现在且引胡适的《诸子不出於王官论》为例：

> 今之治诸子学者，自章太炎先生以下，皆主九流出於王官之说。此说关於诸子学说之根据，不可以不辨也。此说始见於《汉书·艺文志》，盖本於

刘歆《七略》，其说曰：

"儒家者流，盖出於司徒之官。……

道家者流，盖出於史官。……

阴阳家者流，盖出於羲和之官。……

法家者流，盖出於理官。……

名家者流，盖出於礼官。……

墨家者流，盖出於清庙之守。……

纵横家者流，盖出於行人之官。……

杂家者流，盖出於议官。……

农家者流，盖出於农稷之官。……

小说家者流，盖出於稗官。……"（本十家。原文有"其可观者九家而已"之语，故但言九流。）

此所说诸家所自出，皆属汉儒附会揣测之辞，其言全无凭据，而后之学者乃奉为师法，以为九流果皆出於王官。甚矣，先入之言之足以蔽人聪明也！夫言诸家之学说，间有近於王官之所守，如阴阳家之近於占候之官，此犹可说也。即谓古者学在官府，非吏无所得师，亦犹可说也。至谓王官为诸子所自出，甚至以墨家为出於清庙之守，以法家为出於理官,则不独言之无所依据,亦大悖於学术思想兴衰之迹矣。今试论此说之谬,分四端言之。

第一,刘歆以前之论周末诸子学派者,皆无此说也。

(甲)《庄子·天下篇》。

(乙)《荀子·非十二子篇》。

(丙)司马谈《论六家要旨》。

(丁)《淮南子·要略》。

古之论诸子学说者,莫备於此四书。而此四书皆无出於王官之说。《淮南子·要略》(自"文王之时,纣为天下"以下)专论诸家学说所自出,以为诸子之学皆起於救世之弊,应时而兴。故有殷、周之争,而太公之阴谋生;有周公之遗风,而儒者之学兴;有儒学之敝,礼文之烦扰,而后墨者之教起;有齐国之地势,桓公之霸业,而后管子之书作;有战国之兵祸,而后纵横修短之术出;有韩国之法令"新故相反,前后相缪",而后申子刑名之书生;有秦孝公之图治,而后商鞅之法兴焉。此所论列,虽间有考之未精,然其大旨以为学术之兴皆本於世变之所急，其说最近理。即此一说，已足推破九流出於王官之陋说矣。

第二，九流无出於王官之理也。《周官》司徒掌邦教，儒家以六经设教。而论者遂谓儒家为出於司徒之官。不知儒家之六籍，多非司徒之官之所能梦见。此所施教，固非彼所谓教也。此其说已不能成立。其最谬者，莫如以墨家为出於清庙之守。夫以"墨"名家，其为创说，更何待言？墨者之学，仪态万方，岂清庙小官所能产生？《七略》之言曰：

"茅屋采椽，是以贵俭。养三老五更，是以兼爱。选士大射，是以上贤。宗祀严父，是以右鬼。顺四时而行，是以非命。以孝视天下，是以上同。"

此其所言，无一语不谬。墨家贵俭，与"茅屋采椽"何关？茹毛饮血，穴居野处，不更俭耶？何不谓墨家为出於洪荒之世乎？"养三老五更"，尤不足以尽兼爱。墨家兼爱，本之其所谓"天志"。其欲兼而爱人，兼而利人，与儒家之养老异矣。"选士大射"，岂属清庙之守？其说已为离本。至谓"宗祀严父，是以右鬼，以孝视天下，是以上同",则更荒谬矣。墨家爱无差等,何得"宗祀严父"?其上同之说,谓一同天下,与儒家之以孝治天下,全无关系也。墨家非命之说要在使人知祸福之由自召,丰歉有待耕耘,正攻儒家"生死有命富贵在天"之说。若"顺四时而行",适成有命之说,更何"非命"之可言!

凡此诸端,皆足征墨家之不出於王官。举此一家,可例其他。如云纵横之术出於行人之官,不知行人自是行人,纵横自是纵横。一是官守,一为政术,二者岂相为渊源耶?《周礼》尝有掌皮之官矣,岂可谓今日制革之术为出於此耶?

第三,《艺文志》所分九流,乃汉儒陋说,未得诸家派别之实也。古无九流之目,《艺文志》强为之分别,其说多支离无据。如晏子岂可在儒家?管子岂可在道家?韩非又安可属法家?至於《伊尹》《太公》《孔甲》《盘盂》种种伪书,皆一律收录。其为昏谬,更不待言。其最谬者,莫如《论名家》。古无名家之名也。凡一家之学,无不有其为学之方术。此方术即是"逻辑"。是以老子有无名之说，孔子有正名之论，墨子有三表之法，"别墨"有"墨辩"之书（即今《墨子》书中之《经》上下，《经说》上下，《大取》《小取》诸篇），荀子有正名之篇，公孙龙有名实之论，尹文子有刑名之论，庄周有齐物之篇：皆其"名学"也。古无"名学"之家，故"名家"不成为一家之言。惠施、公孙龙，皆墨者也。观《列子·仲尼篇》所称公孙龙之说七事，《庄子·天下篇》所称二十一事，及今所传《公孙龙子》书中《坚白》《通变》《名实》诸篇，无一不尝见於《墨辩》（晋人如张湛、鲁胜之徒颇知此理。至於惠施主兼爱万物，公孙龙主偃兵，尤易见），皆其证也。其后学术散失，汉儒固陋，但知掇拾诸家之伦理政治学说，而不明诸家为学之方术，於是凡"苛察缴绕"（司马谈语）之言，概谓之"名家"。名家之目立，而先秦学术之方法沦亡矣。刘歆、班固承其谬说，列名家为九流之一，而不知其非也。先秦显学，本只有儒、道、墨三家。后世所称法家如韩非、"管子"（管仲本无书。今所传《管子》，乃伪书耳），皆自属道家。任法，任术，任势，以为治，皆"道"也。其他如《吕览》之类，皆杂糅不成一家之言。知汉人所立"九流"之名之无征，则其九流出於王官之说不攻而自破矣。

第四，章太炎先生之说亦不能成立。近人说诸子出於王官者，惟太炎先生为最详（其说见《诸子学略说》。此篇今不列於《章氏丛书》）。然其言亦颇破碎不完。如引《艺文志》之说而以为"此诸子出於王官之证"。此如惠施所云以弹说弹（见《说苑》），不成论证也。其称老聃为柱下史，为征藏史，以为道家固出於史官；然则孔丘尝为乘田矣，尝为委吏矣，岂可遂谓孔氏之学固出於此耶？又云，"墨家先有史佚，为成王师。其后墨翟亦受学於史角"。史佚之书，今无所考，其名但见《艺文志》。其书之在墨家，亦犹晏子之在儒家与伊尹太公之在道家耳。若以墨翟之学於史角，为诸子出於王官之证，则孔子所师事者尤众矣。况史佚、史角既非清庙之官，则《艺文志》墨家出於清庙之说亦不能成立。又云，"其他虽无征验而大抵出於王官"。然则太炎先生亦知其为无征验矣。

太炎先生又曰:"古之学者多出於王官。世卿用事之时,百姓当家则务农商畜牧,无所谓学问也。其欲学者,不得不给事官府,为之胥徒,或乃供洒扫为仆役焉。故《曲礼》云,官学事师。学字本或作御。所谓宦者,谓其为宦寺也。(适按,此说似未必然。郑注云,宦,仕也。《正义》引《左传》宣二年服虔注云,宦,学也。谓学仕官之事。其说似近是。)所谓御者,谓为其仆御也。(适按,原作学,本可通。《正义》谓学习六艺是也。即作御,亦是六艺之一。古者车战之世,射御并重。孔子亦有"吾执御矣"之言。未必是仆役之贱职也。)……《说文》云,仕,学也。仕何以得训为学?所谓官於大夫,犹今之学习行走耳。是故非仕无学,非学无仕。"(《诸子学略说》)又曰,"不仕则无所受书"(《订孔》上)。适按,此言古代书册司於官府,故教育之权柄於王官;非仕无所受书,非吏无所得师。此或实有其事,亦未可知。然此另是一问题。古者学在王官，是一事。诸子之学是否出於王官，又是一事。吾意以为即令此说而信，亦不足证诸子出於王官。盖古代之王官，定无学术可言。《周礼》伪书本不足据（无论如何，《周礼》决非周公时之制度）。即以《周礼》所言"十有二教"及"乡三物"观之，皆不足以言学术。徒以古代为学皆以求仕，故智能之士或多萃於官府。此如欧洲中世教会柄世政，才秀之士多为祭司神甫，而书籍亦多聚於寺院。以故，其时求学者，皆以祭司为师。故谓教会为握欧洲中古教育之柄可也。然岂可遂谓近世之学术皆出於教会耶？吾意我国古代，或亦如此。当周室盛时，教育之权或尽操於王官。然其所谓教，必不外乎祀典卜筮之文，礼乐射御之术。其所谓"师儒"，亦为近世"训导""教授"之类耳。其视诸子之学术，正如天地之悬绝。诸子之学，不但决不能出之王官，果使能与王官并世，亦定不为所容而必为所焚烧坑杀耳。此如欧洲教会尝操中古教育之权，及文艺复兴之后，私家学术隆起，而教会以其不利於己，乃出其全力以抑阻之。哲人如卜鲁诺（Bruno），乃遭焚杀之惨。其时科学、哲学之书多遭焚毁。笛卡儿至自毁其已著未刊之《天地论》。使教会当时竟得行其志，则欧洲今世之学术文化尚有兴起之望耶？是故教会之失败，欧洲学术之大幸也；王官之废绝，保氏之失守，先秦学术之大幸也。而世之学者乃更拘守刘歆之谬说，谓诸子之学皆出於王官，亦大昧於学术隆替之迹已。

太炎先生《国故论衡》之论诸子学，其精辟远过其《诸子学略说》矣，然终不废九流出於王官之说（其说又散见他书，如《孝经用夏法说》《订孔》上诸篇）。其言曰，"是故九流皆出於王官。及其发舒，王官所不能与。官人守要，而九流究宣其义，是以滋长"（《原学》）。此亦无征验之言。其言"官人守要，而九流究宣其义"，大足贻误后学。夫义之未宣，更何要之能守？学术之兴，由简而繁，由易而赜，其简其易，皆属草创不完之际，非谓其要义已尽具於是也。吾意以为诸子自老聃、孔丘至於韩非，皆忧世之乱而思有以拯济之，故其学皆应时而生，与王官无涉。诸家既群起，乃交相为影响，虽明相攻击，而冥冥之中已受所攻者之薰化。是故孔子攻"报怨以德"之言，而其言无为之治则老聃之影响也。墨子非儒，而其言曰，"义者，正也。必从上之正下，无从下之正上"，则同於"政者正也"之说矣。又言必称尧、舜古圣王，则亦儒家之流毒也。孟子非墨家功利之说，而其言政无一非功利之事。又非兼爱，而盛称禹、稷之行，与不忍人之政，则亦庄生所谓"名实未亏而喜怒为用"者耳。荀子非墨，而其论正名，实大受墨者之影响。诸如此类，不可悉数。其间交互影响之迹，宛然可寻，而皆与王官无涉也。故诸子之学皆春秋、战国之时势世变所产生。其一家之兴，无非应时而起。及时变事异，则向之应世之学，翻成无用之文，於是后起之哲人乃张新帜而起。新者已兴而旧者未踣，其是非攻难之力往往亦能使旧者更新。儒家之有孟、荀，墨家之有"别墨"（别墨之名，始见《庄子·天下篇》），其造诣远过孔、墨之旧矣。有时一家之言，蔽於一曲，坐使妙理晦塞，而其间接之影响，乃更成新学之新基。如庄周之言天地万物进化之理，本为绝世妙论，惜其"蔽於天而不知人"（荀卿之语），遂沦为任天安命达观之说（此说流毒中国最深。《庄子》书中如《大宗师》诸篇，皆极有弊）。然荀卿、韩非受其进化论，而救之以人治胜天之说，遂变出世主义而为救时主义，变乘化待尽之说而为戡天之论，变"法先王"之儒家而为"法后王"之儒家、法家。学术之发生兴替，其道固非一端也。明於先秦诸子兴废演革之迹，乃可以寻知诸家学说意旨所在。知其命意所指，然后可与论其得失之理也。若谓九流皆出於王官，则成周小吏之圣知，定远过孔丘、墨翟，此与谓素王作《春秋》为汉朝立法者，其信古之陋何以异耶？

这篇文章是一篇驳论的论辩文。他在绪论中指出"九流出於王官之说"的来源，接着断言"皆属汉儒附会揣测之辞，其言全无凭据"，"亦大悖於学术思想兴衰之迹"。以下即入正文，"分四端"证明：第一段历史上证明"刘歆以前之论周末诸子学派者,皆无此说",以证实他的"皆属汉儒附会揣测之辞"那句话;并介绍:"《淮南子·要略》……以为诸子之学皆起於救世之弊,应时而兴"的主张。这种主张,成为作者的结论的一个要素。第二段从理论上证明"九流无出於王官之理",暗示着王官职守的狭陋不足以产生诸家的学术。第三段从分类不精上证明"汉儒附会揣测……全无凭据""但知掇拾诸家之伦理政治学说,而不明诸家为学之方术",所以,"未得诸家派别之实"。第四段从学术隆替之迹上说明"章太炎先生之说亦不能成立",乃同"世之学者……更拘守刘歆之谬说……亦大昧於学术隆替之迹"。在这段里,更进一步证明"诸子之学,不但决不能出之王官,果使能与王官并世,亦定不为所容而必为所焚烧坑杀","王官之废绝"乃"先秦学术之大幸"。到了这里,"诸子不出於王官"这个结论,大体上"已经在读者脑子里完成了"。於是,他乃写出其第五段——"结论"来。这一段,虽还是接着上段,以批评太炎先生的说话开始,但那只用"官人守要,而九流究宣其义,是以滋长"这句话来引起他自己的结论——"吾意以为诸子自老聃、孔丘至於韩非，皆忧世之乱而思有以拯济之，故其学皆应时而生，与王官无涉"。因为这个结论已经过正文四段的证明，无须多说，所以他只发挥"诸家既群起，乃交相影响"的意思，阐明"学术之发生兴替，其道固非一端"，从别一方面来补充证实他的命题的正确。

作者在研究过程中，实际上经过了怎样的路径而达到他的结论，我们虽不能知道，然而他的论文的构造和表现，确是一步步地"用其逻辑的必然性引导读者到达他的结论"的。并且，他不仅驳斥别人的主张，而且拿自己的主张来和它对立，这一点也是值得注意的。

关於论辩文的文学的侧面，我们认为上面几点是比较重要的，其他如所谓"统一""平均""明晰""简洁"等等，可以让修辞学去解说。不过，读者应当注意：无论哪种方法，单靠说明去了解是不够的，紧要的还是那一句老话——多读多做！从多读多做当中去体验，才能真正写得好论辩文。这本小书只能给诸君做一种路标而已，走还要诸君自己去走！